高铭暄教授向镰田薰校长赠送条幅

高铭暄教授在早稻田大学贵宾留言簿上留言

早稻田大学女职员给高铭暄教授穿博士服

早稻田大学女职员给高铭暄教授戴博士帽

早稲田大学在大隈讲堂授予高铭暄教授名誉博士学位

镰田薰校长宣读表彰词

镰田薰校长授予高铭暄教授名誉博士学位证书

高铭暄教授接受名誉博士学位证书时与镰田薰校长握手

高铭暄教授和镰田薰校长共同向大家展示名誉博士学位证书

高铭暄教授被授予名誉博士学位后与镰田薰校长握手

高铭暄教授作题为《中国刑法学的过去、现在和未来》的学术演讲

高铭暄教授手握名誉博士学位证书与早稻田大学前校长
西原春夫先生和早稻田大学现任校长镰田薰先生合影留念

高铭暄教授与中国驻日使馆教育参赞胡志平先生（右二）等人合影留念

高铭暄教授观看西原春夫先生书写的“和平祈念碑”

西原春夫先生向高铭暄教授讲述树立“和平祈念碑”的背景

高铭暄教授与西原春夫先生在孔子像前合影留念时相互谦让

高铭暄教授与西原春夫先生在孔子像前合影留念

高铭暄教授与镰田薰校长、西原春夫先生在大隈讲堂前合影留念

镰田薰校长主持恳亲会

西原春夫先生在恳亲会上致祝贺词

西原春夫先生在恳亲会上举杯祝贺

高铭暄教授与西原春夫先生在恳亲会上碰杯祝贺

高铭暄教授与西原春夫先生（中间）、冯军教授（左一）共同举杯祝贺

高铭暄教授在恳亲会上与中国留日学生亲切交谈

高铭暄教授在恳亲会上发表感言

高铭暄教授在恳亲会上演唱京剧

镰田薰校长在恳亲会结束时与高铭暄教授握手告别

大家在恳亲会结束时欢送高铭暄教授

早稻田大学的中文教授向高铭暄教授表达敬意

中国人民大学刑事法研究丛书

中日刑法比较研究

高铭暄教授荣获早稻田大学名誉博士学位祝贺文集

［日］高桥则夫　冯　军◎主编

ZHONGRI XINGFA BIJIAO YANJIU
GAOMINGXUAN JIAOSHOU RONGHUO ZAODAOTIAN DAXUE
MINGYU BOSHIXUEWEI ZHUHE WENJI

中国法制出版社
CHINA LEGAL PUBLISHING HOUSE

图书在版编目（CIP）数据

中日刑法比较研究：高铭暄教授荣获早稻田大学名誉博士学位祝贺文集 /（日）高桥则夫，冯军主编 —北京：中国法制出版社，2017. 12

ISBN 978-7-5093-8933-1

Ⅰ. ①中… Ⅱ. ①高… ②冯… Ⅲ. ①刑法—对比研究—中国、日本—文集 Ⅳ. ① D924.04-53 ② D931.34-53

中国版本图书馆 CIP 数据核字（2017）第 264298 号

策划编辑　侯　鹏　　　　责任编辑　侯　鹏　　　　封面设计　李　宁

中日刑法比较研究

ZHONGRI XINGFA BIJIAO YANJIU

主编 //[日] 高桥则夫　冯　军

经销 / 新华书店

印刷 / 三河市紫恒印装有限公司

开本 / 880 毫米 ×1230 毫米　32 开　　　　印张 / 6.25　字数 / 118 千

版次 / 2017 年 12 月第 1 版　　　　2017 年 12 月第 1 次印刷

中国法制出版社出版

书号 ISBN 978-7-5093-8933-1　　　　定价：39. 00 元

北京西单横二条 2 号　　　　值班电话：010-66026508

邮政编码：100031　　　　传真：010-66031119

网址：http://www.zgfzs.com　　　　**编辑部电话：010-66060794**

市场营销部电话：010-66033393　　　　**邮购部电话：010-66033288**

（如有印装质量问题，请与本社编务印务管理部联系调换。电话：010-66032926）

目　录

前 言

高铭暄教授是新中国刑法学的主要奠基人。2016年11月22日，日本著名学府早稻田大学授予中国人民大学荣誉一级教授高铭暄先生名誉博士学位，这是中国法学界值得庆贺的一件大事。

与这件大事相关的一切事情，都是值得记录的。我们按照这件大事的发生顺序，编辑了本书。本书的篇幅虽短，但是，它所记录的事情无疑具有重大意义。我们以文字和图片，编辑了这本书，出版它，不仅是为了纪念，也为了传承。一个没有值得纪念和传承的文化的国家，无论如何都不会被尊敬。

尽管这本书已经同时在日本出版，但是，它能够在中国面世，完全有赖于中国法制出版社的远见和卓识。

毕竟，中国法学的发展和繁荣，是大家的共同企盼！

冯 军

2017年10月10日于明德法学楼

表彰词

高铭暄先生，1928 年 5 月 24 日出生于中华人民共和国浙江省玉环县。1951 年从北京大学法律系毕业后，考入中国人民大学研究生院，攻读刑法专业硕士课程，1953 年毕业。此后，在中国人民大学任专职讲师、副教授，1983 年晋升为教授，在从事刑法学教育工作的同时，出版了多部出色的著作和发表了大量科学论文，被称为中国刑法学第一人。

高铭暄先生在大学运营方面也卓有业绩：1983 年至 1986 年担任中国人民大学法学院院长，1990 年至 2001 年担任法学院院务委员会主任等职务，2005 年被授予荣誉教授称号，2009 年被授予荣誉一级教授称号。在社会活动方面，他从 1954 年以来不断参与刑法典的制定和修改事业，1984 年至 2003 年担任中国法学会刑法学研究会会长，1986 年至 2003 年担任中国法学会副会长。在国际交往方面，他很早就担任本部设在法国的刑法领域中世界上最大的学会国际刑法协会的理事，1999 年到 2009 年就任该协会的副会长和中国分会会长，并在 2004 年于北京成功举办了该协会在亚洲的首次大会。作为高铭暄先生这些国内外学术研究和教育活动在世界上被高度评价的见证，2015年本部设在意大利的国际社会防卫学会授予高铭暄先生“贝卡里亚奖（金奖）”，这是世界刑事法领域的诺贝尔奖，是因为他在实现法治精神和人道主义事业方面的巨大贡献而赋予他的荣誉。

另一方面，高铭暄先生与日本早稻田大学也建立了非常紧密的关系。他首次访问日本是1993年作为中国报告人员的代表参加在早稻田大学举办的“德国·东亚比较刑法研讨会”。首次来到日本的他，对早稻田大学为举办大会而竭尽全力感同身受，这成为高铭暄先生日后带领中国加强中日刑事法学术交流和发展的契机。

中日两国以召开学术讨论会的形式展开了刑事法领域的学术交流，会议隔年在中日两国交替举办，从1988年发起到今天，中日刑事法学术讨论会已经持续了近30年。高铭暄先生自2001年第7届大会以来就担任中国方面的负责人，举办规模也扩大到全国，中国主要大学的合作也明显加强。另外，对于这个讨论会，早稻田大学的相关人员自始至终在背后发挥作用，高铭暄先生对此非常熟悉，对早稻田大学相关人员提供了多方面的支持与合作。

这种永久性的与国外学术领域的交流，在中国也少有先例。高铭暄先生的这种作为，在促进学术发展，加快法治建设的步伐上，得到了国内外的高度评价和深厚信任。这也表现在，中日刑事法学术交流能够按计划每两年举办一次，没有出现任何问题。这完全是因为作为中国刑法学第一人的高铭暄先生与早稻田大学之间的深厚情谊，中、日两国的相关人士深知其积极参与中日刑事法学术交流的热情，以及中国的学术界和政府对他的深厚信任。对作为中日民间交流典范的中日刑事法学术交流来说，高铭暄先生是不可或缺的存在，授予高铭暄先生名誉博士称号应该是正合时宜。

在此，早稻田大学决定授予高铭暄先生名誉博士学位。

荣耀归于学府！

赞颂归于被大学赐予荣誉之士！

（Vivat universitas scientiarum! Laudate quem universitas honorabit!）

早稻田大学

2016 年 11 月 22 日

答谢词

尊敬的镰田薰校长，

尊敬的古谷修一教务部长，

尊敬的西原春夫教授，

尊敬的各位同行，

女士们，先生们：

大家上午好！

今天对我来说是一个不平凡的日子，我一向景仰的早稻田大学授予我名誉博士学位，这是对我莫大的厚爱、鼓舞和鞭策，请允许我向早稻田大学表示衷心的感谢！

早稻田大学是一所极负盛名的世界顶尖大学，其倡导“学术的独立”“学问的活用”“造就模范国民”的办学方针和推行“平民化”“多样化”“全球化”的教育理念，早就名闻遐迩。我在 20 世纪 40 年代读初中的时候，就知道日本有一所著名高等学府叫早稻田大学。后来长大一些，知道早稻田大学自 1882 年建校以来，培养了众多杰出人才，遍及政治、经济、文学等多个领域。仅以文学为例，据说迄今为止，已有 30 多位校友成为日本文学最高奖之芥川奖得主，居日本之首。

早稻田大学的对外交流十分活跃，是日本最早接受外国留学生的大学，也是招收留学生人数最多的大学。早稻田大学与中国的联系可以追溯到清朝末年，它是日本最早接受中国留学生的大学，创立后不久即接受了清朝政府派遣的公费留学生，据说中国留学生人数一度占到该校学生人数的近四分之一。许多中国近现代史上的著名人物如陈独秀、李大钊、彭湃、廖仲恺等东渡日本，希望学习日本明治维新成果，探索中国救亡图存之路，他们都曾在早稻田大学留学。早稻田大学图书馆中珍藏着李大钊当年的学生档案、成绩单等物品，还有孙中山的亲笔信。

20 世纪 80 年代以来，随着中国改革开放政策的实施，中日政治经济交往和文化教育交流日益频繁，公派或者自费到早稻田大学留学的中国学生也逐渐增多。仅就我所从事的刑法学专业的角度来看，中国人民大学的冯军教授、中国政法大学的张凌教授、北京师范大学的周振杰教授、中国司法部犯罪预防研究所的鲁兰研究员、浙江大学的李世阳讲师等等，都曾在早稻田大学从事学习研究或者获得法学博士学位，他们都感到印象深刻，获益良多。特别值得一提的是，中国前国家主席江泽民于 1998 年 11 月 28 日访问了早稻田大学，并在大隈讲堂发表了“以史为鉴、开创未来”的重要演讲。其继任者胡锦涛主席也于

2008 年 5 月 8 日在早稻田大学发表演讲，并与时任日本首相福田康夫进行了一场乒乓球友谊赛。这说明中国领导人和中国学术界对早稻田大学是非常看重的。

我与早稻田大学实际接触是从认识西原春夫先生开始的。西原春夫先生出生于 1928 年 3 月，比我大两个月，他是日本著名的刑法学家、教育家和社会活动家，也是中国人民的老朋友，对中国怀有深厚的友好感情。1993 年 8 月，他通过家在上海的华东政法大学教授苏惠渔邀请我参加 1993 年 9 月 13 日至 16 日在东京召开的以“正当化与免责”为主题的“德国·东亚比较刑法研讨会”。这个会议是德国弗莱堡马克斯·普朗克外国刑法和国际刑法研究所时任所长阿尔宾·埃塞尔（Albin Eser）教授发起并建议由西原春夫教授主持，在早稻田大学举行的。我应邀参加了这个会议，生平第一次见到了刚从校长岗位上卸任的西原春夫教授，也第一次目睹了我向往已久的早稻田大学的丰姿异彩。此后，我与西原春夫先生时有联系，我们建立了深厚的友谊。1998 年 3 月，我又应邀偕夫人参加早稻田大学举办的祝贺西原春夫教授七秩华诞的庆典，碰巧在这期间早稻田大学举行盛大的毕业典礼，我与夫人还有幸获邀参加。新世纪来临之后，西原春夫先生与我分别作为日方代表团团长和中方代表团团长，共同主持了四次中日刑事法学术研讨会，先后讨论了“过失犯和过失概念”“共犯和有组织犯罪”“经济犯罪”“危险犯和危险概念”等问题。早稻田大学和中国人民大学的刑事法教授们，始终作为研讨会的主力，为会议作出了积极贡献。小口彦太教授、高桥则夫教授等都给我留下了深刻的印象。

我是1951年8月从北京大学法律学系本科毕业被保送到中国人民大学法律系（20世纪90年代改为法学院）攻读刑法研究生课程的，1953年8月研究生毕业后留校任教，历任助教、讲师、副教授、教授，至今已逾60年。我热爱刑法专业，特别是与中国刑法学结下不解之缘。借今天这个机会，我想就中国刑法的过去、现在和未来，谈谈我的一些认识。

中国是一个既古老又正在逐步现代化的大国，幅员辽阔，人口众多。刑法是治理国家、保护社会、应对犯罪不可缺少的重器。据史料记载，中国从夏朝（公元前21—前16世纪）开始，就有刑法规定，其后历经商朝（公元前16世纪—前1066年）、周朝（公元前1066—前256年），直至清朝（公元1644—1911年），各个王朝都有自己形式多样、繁简不一的刑法。其中具规模成体系，文本完整，流传后世的有《唐律》《宋刑统》《元典章》《大明律》《大清律例》等。

自1840年鸦片战争以来，由于列强用坚船利炮轰开了大清王朝闭关锁国的大门，意识形态上的欧风美雨也不断侵入中华大地，使衰朽的清王朝看到了世界的冷峻形势。加之国内革命派要求废除帝制，改良派要求变法维新，于是清王朝不得不进行某些改革，以图苟延残局，这就有了清朝末期的修律之举。

公元1902年，清廷任命沈家本（1840—1913年）为修律大臣，参酌各国刑法拟订新律。沈家本等先是对《大清律例》进行删改和局部调整，修订出《大清现行刑律》。继而聘请日本法学博士冈田朝太郎参与其事，以《大清现行刑律》为基础，历经数轮礼法论战，于1907年制定出《大清新刑律草案》，又经不断斟酌修改后，于1910年12月正式公布《大清新刑律》。清政府原定于1913年施行，但未及施行，因辛亥革命爆发，清王朝就被推翻了。

《大清新刑律》是中国传统封建主义刑法和西方近代刑法结合的产物。它分为总则和分则两编，共53章、411条，后附暂行章程5条。它摒弃了中国历史上沿袭数千年的各种名目的肉刑，这是一个巨大的进步。而且它标志着刑法从诸法合体的立法体例中分离出来，使刑法真正成为一个独立的法律部门，这也开创了中国法制史上的新阶段。

1912年3月10日，袁世凯在就任中华民国临时大总统的当天，以大总统的名义发布了《暂准援用新刑律令》。为了落实总统令，当时的北洋政府法部在对《大清新刑律》中有关与民国国体相抵触的章条和文字予以直接删改，并撤销暂行章程5条之后，于1912年4月3日公布了《中华民国暂行新刑律》。《暂行新刑律》颁行后，北洋政府又作了一些补充性规定，如1912年8月12日颁布的《暂行新刑律施行细则》对刑法的溯及力以及刑罚的执行作了规定。1914年12月24日颁布的《暂行新刑律补充条例》增设了一些新罪，加重了原来许多犯罪的刑罚，规定了对未遂犯的处罚，等等。此外，北洋政府还颁布了一系列特别刑法，如《吗啡治罪法》《惩治盗匪法》《官吏犯赃治罪法》《科刑标准条例》等。

国民党主导的北伐战争取胜后，建都南京的国民政府一方面继续沿用《暂行新刑律》，另一方面任命司法部部长王宠惠主持草拟刑法典。1928 年 3 月 10 日，国民政府颁布了新制定的《中华民国刑法》，分总则和分则两编，共 48 章、387 条。1928 年 6 月，又公布了《刑法施行条例》，规定该刑法自 1928 年 9 月 10 日起施行。这部刑法是以《暂行新刑律》为基础，吸收日本、德国等国的刑法原则、制度而形成的。随着国内外形势的变化，国民政府又对这部刑法进行修订，于 1935 年 1 月 1 日颁布了一部新的《中华民国刑法》，共 47 章、357 条，并规定自 1935 年 7 月 1 日起施行。国民政府除颁行刑法典外，也先后制定了一系列特别法。

需要着重指出的是，中国共产党领导的革命武装力量，在与国民党政权进行艰苦卓绝斗争期间，建立了自己大小不等的革命根据地。革命根据地也先后制定了一些法律，其中属于刑事法律的如：1931 年《赣东北特区苏维埃暂行刑律》、1932 年《湘赣省苏区惩治反革命犯暂行条例》、1939 年陕甘宁边区的《抗战时期惩治盗匪条例》、1941 年陕甘宁边区的《破坏金融法令惩罚条例》、1948 年晋冀鲁豫边区的《破坏土地改革治罪暂行条例》，等等。这些新民主主义的法律，后来成为新中国刑法立法的渊源之一。

1949 年 10 月 1 日，中华人民共和国宣告成立，新中国的刑法，是随着新中国的政治、经济和社会的发展而发展的。建国初期，为了社会改革的需要，国家制定了几个单行刑法，如 1951 年的《惩治反革命条例》《妨害国家货币治罪暂行条例》，1952 年的《惩治贪污条例》等。与此同时，国家也开始刑法典的起草工作，刑法典的起草从 1954 年 10 月正式开始，在工作中总结革命根据地和新中国成立以来的立法司法经验，参考古今中外的立法例，历经曲折过程，易稿 38 次，终于在 1979 年 7 月 1 日第五届全国人民代表大会第二次会议上一致通过。这部《中华人民共和国刑法》，即 1979 年刑法典，共有 13 章、192 条，分则罪名 129 个。该法典于 1979 年 7 月 6 日公布，1980 年 1 月 1 日起施行，这是中华人民共和国成立 30 年来第一次有了自己的刑法典，标志着中国的刑事法制迈上了一个新台阶。

1979 年刑法典从整体上说是一部保护人民、惩罚犯罪、维护社会秩序、保障改革开放和现代化建设的好法。但由于受当时历史条件和立法经验的限制，难免在体系结构、规范内容和立法技术上存在一些缺陷。1981 年至 1996 年期间，国家最高立法机关先后通过了 24 个单行刑法，并在 107 个非刑事法律中设置了附属刑法规范，对 1979 年刑法典在实际上作了一系列的补充和修改，光是具体罪名就增加了 133 个。后来考虑到随着社会主义市场经济体制的建立，犯罪现象上出现了许多新情况、新特点和新问题，有必要对刑法典作一次全面系统的修订。这样从1988年7月开始，就将刑法典的修订工作正式列入全国人大常委会的立法规划。历经8年多的努力，易稿12次，第八届全国人大第五次会议于1997年3月14日通过了修订的《中华人民共和国刑法》，即1997年刑法典，并规定自1997年10月1日起施行，这也就是中国现行的刑法典。

1997年刑法典共有15章、452条，规定的罪名达412个。尽管其体系更加完整，此罪与彼罪的界限更加明确、具体，法定刑之间更加平衡，可操作性更强，但这些都是相对的。随着社会经济政治的改革和发展，根据同犯罪做斗争的需要，国家立法机关于1998年12月29日通过《关于惩治骗购外汇、逃汇和非法买卖外汇犯罪的决定》，于1999年12月25日至2011年2月25日期间先后通过8个“刑法修正案”，对1997年刑法典总则和分则作了一系列补充和修改。[①] 从大的方面来说，主要是对刑法典增加了24个条文；补充修改了某些总则规范；增设了新罪名41个，相应删去原有的罪名2个；对40个犯罪的构成要件要素作了修正，其中导致修改罪名的有25个罪；增设了19个单位犯罪；废止了13种犯罪的死刑，另外还降低了其他2种罪的法定刑；提高了10种罪名法定刑和3种单位犯罪中直接责

① 详见高铭暄著:《中华人民共和国刑法的孕育诞生和发展完善》，北京大学出版社2012年版，前言第5—13页。

任人员的法定刑。

自2011年2月出台《刑法修正案（八）》以来，形势又发生了一些变化，出现新情况、新问题，需要通过修改刑法去解决。特别是中共中央召开了十八大和十八届三中、四中全会，一些重要精神需要贯彻落实，刑法需要面对的是：其一，一些地方近年来多次发生严重暴力恐怖案件，网络犯罪也呈现新的特点，有必要从总体国家安全观出发，统筹考虑刑法与《反恐怖主义法（草案）》（当时还在审议中）、《反间谍法》（2011年11月1日公布施行）等维护国家安全方面法律的衔接配套，修改、补充刑法的有关规定。其二，随着反腐败斗争的深入，需要进一步完善刑法的相关规定，为惩腐肃贪提供法律支持，同时对照《联合国反腐败公约》，也还有个别罪需要补充。其三，落实中共十八届三中全会提出的关于逐步减少适用死刑罪名的要求，并做好劳动教养制度废除后法律上的衔接。因此，根据新的情况，针对上述这些问题，对刑法有关规定作出调整、完善是十分必要的。这也就是为什么要制定《刑法修正案（九）》的立法背景。

制定《刑法修正案（九）》的指导思想有下列四条：

一是坚持正确的政治方向，贯彻落实中共十八大和十八届三中、四中全会精神，发挥好刑法在惩罚犯罪、保护人民方面的功能。

二是坚持问题导向，从中国国情出发，针对实践中出现的新情况、新问题，及时对刑法作出调整，以适应维护国家安全、社会稳定和人民安居乐业的需要。

三是坚持宽严相济的刑事政策，维护社会公平正义，对社会危害十分严重的犯罪加大惩处力度，保持高压态势。同时，对一些社会危害较轻，或者有从轻情节的犯罪，留下从宽处置的余地和空间。

四是坚持创新刑事立法理念，进一步发挥刑法在弘扬社会主义核心价值观，规范社会生活方面的引领和推动作用。

《刑法修正案（九）》的起草工作从2012年开始酝酿，经过调查研究，拟制方案，写出送审的草案稿之后，正式进入立法程序。2014年10月27日，第十二届全国人大常委会第十一次会议对《刑法修正案（九）（草案）》进行了第一次审议，并于11月在“中国人大网”上将一次审议稿（共47条）全文公布，以向社会公众征求意见。其后就根据各方面来的意见进行梳理研究，择善而从，改出二次审议稿（共50条）。2015年6月23日，第十二届全国人大常委会第十五次会议对《刑法修正案（九）（草案）》二次审议稿进行审议，并再次在“中国人大网”上全文公布，向社会公众征求意见。公众参与立法的热情很高，反馈的意见数以万计。立法工作机关对这些意见再次进行梳理研究，反复斟酌，从而修改出三次审议稿（共52条）。2015年8月29日，第十二届全国人大常委会第十六次会议对《刑法修正案（九）（草案）》进行第三次审议，最终使这部草案获得通过，成为正式的《刑法修正案（九）》，并规定自2015年11月1日起施行。

《刑法修正案（九）》共有52条，其中涉及刑法总则的有4条，涉及刑法分则的有47条，还有1条是本修正案的生效时间。整个修正案为1997年刑法典增加新条文15条[①]，删去原条文1条[②]，对原条文有新修改的共计39条[③]。具体罪名增设20个，删减3个，净增17个。

从修正的内容来看，《刑法修正案（九）》全面贯彻了上述四条指导思想，在继续减少死刑罪名，提高执行死刑门槛，建立职业禁止制度，完善数罪并罚制度，严密单位犯罪法网，重视罚金刑适用，加大对恐怖主义、极端主义犯罪的惩罚力度，维护信息网络安全，强化对公民人身权利的保护，完善反腐败的罪刑规定，维护社会诚信，加强社会治理，保护社会秩序等方面，都有所规制。

---

① 新增设的条文是：第37条之一、第120条之二、第120条之三、第120条之四、第120条之五、第120条之六、第260条之一、第280条之一、第284条之一、第286条之一、第287条之一、第287条之二、第307条之一、第308条之一、第390条之一。

② 即第199条，因取消集资诈骗罪的死刑，该条已成空白状态。

③ 被修改的原条文有：第50条、第53条、第69条、第120条、第120条之一、第133条之一、第151条、第164条、第170条、第237条、第239条、第241条、第246条、第253条之一、第260条、第267条、第277条、第280条、第283条、第285条、第286条、第288条、第290条、第290条之一、第300条、第302条、第309条、第311条、第313条、第322条、第350条、第358条、第383条、第390条、第391条、第392条、第393条、第426条、第433条。

从创新角度来说，《刑法修正案（九）》有十大亮点：

其一，坚决贯彻“逐步减少适用死刑罪名”的方针，继《刑法修正案（八）》废止13个罪名的死刑之后，又废止9个罪名的死刑，同时提高了死缓期间执行死刑的门槛。

其二，第一次提出不同自由刑（包括有期徒刑、拘役、管制）之间如何并罚的原则。

其三，创造了历次“刑法修正案”中适用罚金刑之最。对新增设的20个罪名中的16个罪名规定有罚金，并对原设的犯罪修正中，将14个原未规定罚金的罪增设了罚金，将7个原规定有罚金的罪增加规定了罚金，从而显著扩大了罚金的适用范围。这种对罚金刑重视的程度是前8个“刑法修正案”所未有的。

其四，第一次在刑法中增设“职业禁止制度”，防止行为人再次利用相关职业便利实施犯罪，或者实施违背职业要求的特定义务的犯罪。

其五，第一次系统地规定了恐怖主义、极端主义的罪名，为全面打击恐怖主义、极端主义的犯罪提供明确的法律依据和强大的法律武器。

其六，加大反腐败斗争力度，完善贪污受贿犯罪的定罪量刑标准，第一次将原来偏重具体数额的规定修正为数额与情节并重，将数额抽象化为“较大”“巨大”“特别巨大”，将情节也抽象化为“较重”“严重”“特别严重”，交由最高人民法院和最高人民检察院根据实际情况作出适当具体化的司法解释，真正体现了原则性与灵活性的高度结合。

其七，为加强保护信息网络这个现代化生产、生活不可缺少的组成部分的安全，第一次对拒不履行信息网络安全管理义务情节严重的行为、非法利用信息网络情节严重的行为、帮助信息网络犯罪活动情节严重的行为，均予以入罪。

其八，回应社会公众的强烈要求，为加强保护公民人身权利，第一次将收买被拐卖的妇女、儿童的行为一律入罪，将虐待被监护、看护人的行为予以入罪。

其九，为维护以审判为中心的司法程序，有力保障司法工作的顺利进行，第一次对以捏造的事实提起民事诉讼的虚假诉讼行为，泄露不应公开的案件信息情节严重的行为，披露、报道不应公开的案件信息情节严重的行为，均予以入罪。

其十，为保护国家考试这个培养、选拔人才的主渠道的公正、公平，第一次将组织考试作弊的行为，非法出售、提供试题、答案的行为，代替考试的行为，规定为犯罪。

综上所述，新中国刑法已走过 67 年的征程，刑法典也已颇具规模，深入人心。现行刑法共有 490 条，不仅对刑法的基本原则、定罪、归责、量刑、行刑的原则和制度作出规定，而且对分则 468 个罪名（其中包括 161 个单位犯罪的罪名）的罪状和法定刑也都作出比较明确的规定。虽然如此，但未来的道路还很漫长，中国刑法还需要不断进步和完善。比如，犯罪圈的划定是否合理？有没有该入罪而未入，不该入罪而入的现象？

某些犯罪具体构成要件的设计是否严密？某些犯罪法定刑的配置是否妥当？死刑罪名减少的步伐可否迈得更大些、更快些？未成年人犯罪处遇制度可否设专章或者专节作集中充分的规定？正当防卫、紧急避险之外的其他正当行为（如执行法令行为、正当义务行为、自救行为等）是否明文规定？罚金刑是否改为主刑？对罚金是否一律要有货币数额或者倍比数额的规定？罚金可否易科短期自由刑？如此等等。这些问题都需要在未来中国刑法修正中逐一加以斟酌和审议。

我对中国刑法的过去、现在和未来的认识就简要汇报到这里。朋友们，同行们：我与早稻田大学特别是法学部的教授们有过几次深度的接触，使我对早稻田大学有了进一步的了解，也增添了几分仰慕之情。今天，早稻田大学举行隆重仪式，授予我名誉博士学位，让我感到十分荣幸，又感到责任重大。这份荣耀不仅属于我个人，也属于我的母校和工作单位，属于中国刑法学界。我一定不辜负早稻田大学对我的肯定和期望，今后更加努力，把我所从事的中国刑事法学的理论和实践搞得更好，与日本刑事法学界同行们合作得更加愉快，切磋交流更加深入，更加富有成果。祝早稻田大学越办越出色，越办越有吸引力，诚挚地谢谢你们！

高铭暄

2016 年 11 月 22 日

祝贺词

[日] 西原春夫[1] 著　冯军[2] 译

在干杯之前，请允许我简单致辞。

今天，早稻田大学授予我多年的友人、我至为尊敬的高铭暄先生名誉博士学位，我就像自己的事情一样感到高兴。

由一种深厚得不可思议的缘分，缔结了高先生和我的关系，让我感慨无限。现在，我对这种不可思议的关系稍作介绍。

1991 年，以前的安田财团的有关人员设立了给亚洲的青年研究者提供奖学金、让他们到日本留学的基金。我被邀担任该基金的运营委员长，而且，我的地位可以推荐来自中国的留学生。

我担任运营委员长两周后，收到了与我关系亲密的德国马克斯·普朗克外国刑法研究所耶赛克所长的来信，信上说："在我这里获得博士学位的李海东是一位优秀的中国人，他想留学日本。西原先生，你能否帮他获得奖学金？"这就是缘分啦！我联系好之后，回信说："我保证提供奖学金，请他来我这里。"

---

① 早稻田大学前校长、教授。

② 中国人民大学法学院教授。

这样，自 1992 年的两年多里，李海东就留学于早稻田大学（现在是很活跃的律师），实际上，他是高先生的弟子。通过这一基金得以留学日本的中国青年刑事法研究者，李海东是第一位，包括今天在场的冯军教授，已经多达 23 人。

李海东来我这里之后不久，马克斯·普朗克研究所的次任所长埃塞尔教授来信说，想由埃塞尔和西原共同主办“德国·东亚刑事法研讨会”。

于是，与李海东商量邀请哪些中国学者参会，他推荐了参会的候选人，并且强调一定要请高先生担任团长。

这样，1993 年在早稻田大学出色地召开了德国·东亚刑事法研讨会，并由此产生了我和高先生多年的深厚关系和友情。如果没有这两件偶然事情，就没有我和高先生的关系，每念及此，不由得无限感慨。

2005 年，高先生送给我一幅挂轴，上书与“西原”发音相同的“惜缘”二字，他说是想到自己与西原的缘分深厚，要倍加珍惜，才特意制作了这幅挂轴。

在场的诸位都会有些感动吧。国境再高，友情都可以轻易地跨越它！高先生和我的故事，就是雄辩的证明。

话说得长了些，有点儿失礼。好啦，请诸位举杯，祝贺早稻田大学授予高先生名誉博士学位，祝愿先生更加壮健和活跃，并祝中国人民大学和早稻田大学繁荣、日中刑事法学术交流进一步发展。

干杯！

对日中刑法典总论中不同点的分析
——从日本的立场来看

[日]西原春夫[①] 著
何琳[②] 译

这一次能和我的老朋友、从心里敬爱的中国刑法学家高铭暄先生一起参加研讨会，我无比喜悦，对我来说是一生也无法忘记的体验。高先生和我同龄，我想两位 88 岁高龄的老人一起担当研讨会的报告者，是非常珍贵的例子，也许是历史上第一次，对年轻的法律同人来说，这次报告肯定会成为很大的鼓励。由于我曾经和高先生约定两人一起活跃到 100 岁，所以，作为研讨会的报告者这次肯定不是最后一次。

为了今天的研讨会，高先生在很早的时候就发来了详细的报告原稿。拜读了高先生的原稿后，我发现其对日中刑法典的 7 个问题进行了详细分析。因此，为了避免重复，这 7 个问题就委以高先生来报告。而我主要对这 7 点之外的问题进行分析。

---

① 原早稻田大学校长、教授。

② 早稻田大学法学部博士生。

一、从宏观的角度来看

（一）政法体制不同的反映

1. 我想不用说，日本和中国最根本的一个不同点就是政治体制。因此，作为日本的研究者，首要问题就是这个不同点以什么样的形式在刑法典中反映出来。

关于这点我很感兴趣的是，与1949年新中国成立后最初的刑法即旧刑法，也就是1979年的刑法典相比，现行刑法典特别淡化了对政治体制的反映。

1979年中国《刑法》第1条规定："中华人民共和国刑法，以马克思列宁主义毛泽东思想为指针，以宪法为根据，依照惩办与宽大相结合的政策，结合我国各族人民实行无产阶级领导的、工农联盟为基础的人民民主专政即无产阶级专政和进行社会主义革命、社会主义建设的具体经验及实际情况制定。"第2条在此基础上规定，"中华人民共和国刑法的任务，是用刑罚同一切反革命和其他刑事犯罪行为作斗争，以保卫无产阶级专政制度，保护社会主义的全民所有的财产和劳动群众集体所有的财产……保障社会主义革命和社会主义建设事业的顺利进行"。

把以上两条与现行《刑法》第1条和第2条相比较，就能明白在这期间导入了社会主义的进展情况和改革开放政策的理念。即使在现在，马克思列宁主义、毛泽东思想也是中国社会主义的基本原则。但在刑法典中这种表述现在消失了，不得不感叹时代的变迁。

实际上，1979 年刑法是中国在明确决定实施改革开放政策之后制定的。但是，与这一方针相比，重点放在了社会主义革命的完成和建设上，我推测可能是想明确表明原则上改革开放政策还是在社会主义体制范围内。但是，在社会主义范围内已经固定的改革开放政策的现在，已经不用再特别提出来。何况“无产阶级领导的、工农联盟为基础的人民民主专政”的措辞已与现在人民的意识相离太远。当然，这仅仅是我个人的推测，所以想请教中国法学家的意见。

2. 但是，即便如此，与日本的刑法典相比，现行中国刑法是社会主义国家的刑法这点是不容置疑的。现行中国《刑法》第 2 条就是其代表规定，即“中华人民共和国刑法的任务，是用刑罚同一切犯罪行为作斗争，以保卫国家安全，保卫人民民主专政的政权和社会主义制度，保护国有财产和劳动群众集体所有的财产，保护公民私人所有的财产，保护公民的人身权利、民主权利和其他权利，维护社会秩序、经济秩序，保障社会主义建设事业的顺利进行”。

再有，第 13 条中对犯罪概念的描述也表现为“一切……颠覆人民民主专政的政权和推翻社会主义制度……的行为”。在日本刑法典中，与中国《刑法》第 1 条、第 2 条和第 13 条相似的规定本身是不存在的。我想设置这些规定有可能是政治形态对刑法的影响。

虽然中国是社会主义国家这个特征在刑法典分论也有所表现，但是，让人意外的是除去刑法典总论里这种标语性的规定外，这个特征并没有太多反映。关于这点，我感觉，比起1979年旧刑法，可以说现行刑法与日本刑法的距离变近了。

3. 高先生在报告中指出，中国刑法典的规定是由犯罪再到刑罚，而日本完全是相反的，即从刑罚到犯罪。我的看法是以下面的顺序考虑事物，即越强化犯罪概念的这个意识形态，那么，就会强调实施带有此意义行为的必要性，对这种行为就有科处刑罚的必要。

与此相反，越弱化犯罪概念的这个意识形态，就会重视“被处以刑罚的行为称为犯罪”这种概念的形式上的逻辑构造。结果，逻辑上就会先规定刑罚，之后再对犯罪进行说明。

在我来看，以社会主义思想为基本的中国刑法典，从犯罪到刑罚的论理构造是非常自然的结果。

顺便说一下，日本的现行刑法典是在1908年制定的。一般认为，现行刑法典实施之前的1880年刑法典（旧刑法）是以法国刑法为原型制定的，而现行刑法是以德国刑法为原型制定的。但是，在我看来，旧刑法对现行刑法的影响还是很强的。实际上，参考德国法而对旧刑法进行了修改的见解才是正确的。

现在，从是先规定犯罪还是先规定刑罚这点来看，旧刑法与现行刑法一样先规定了刑罚。可以推测现行刑法认为并没有硬行修改这点的必要，而是原样继承了旧刑法的逻辑构造。所以，从结果上应该说还是残留了19世纪左右法国刑法学的影响。

（二）是单一民族国家还是多民族国家的反映

让基本上由单一民族构成的日本人很惊讶的是，中国刑法典中对少数民族设定了很多特例。

例如，中国《刑法》第90条规定："民族自治地方不能全部适用本法规定的，可以由自治区或者省的人民代表大会根据当地民族的政治、经济、文化的特点和本法规定的基本原则，制定变通或者补充的规定，报请全国人民代表大会常务委员会批准施行。"

中国1979年旧刑法也规定有这样的条文（第80条）。第一，1949年新中国成立以来，与以往依靠武力把少数民族同化到汉民族的历史不同，考虑到少数民族的特殊性，明确表示采用和平共存的方针。第二，对少数民族的风俗习惯，像刑法这样的基本法都控制其全面适用，所以也表现出了其与汉民族的不同。

还有一点是像我一样的日本人完全不能想象的。20年前，在中国举办研讨会，当我听到无论怎样在刑事司法上都必须特别处理少数民族在生活中长年养成的独特风俗习惯的报告时，感到非常惊讶。如果可以的话，希望中国法学专家能介绍一些珍贵的例子。这对日本研究者来说是非常值得参考的。请多多指教。

（三）非犯罪化、非刑罚化

1. 这一点只是从刑法典上可能无法理解。从法律制度整体来看，相比日本，中国的非犯罪化、非刑罚化更加先进。而且这一点在刑法典中也有所反映。我想作为中国的立法者来说并不是故意把它原理化。与日本的法律制度相比，这个不同点是非常明显的。

在中国，除刑法分论以外，对特定行为科以刑罚的法律规定，好像都是根据全国人民代表大会常务委员会的决定来制定。一般认为相当于日本的“刑法附属法规”或者“特别刑法”。

与日本相比，中国对刑法典的制定确实更加新颖，刑法典制定时有把既存的特别法犯编入刑法典的情况。但是，日本认为也可以采用只对刑法的一部分进行修改这种形式，所以不得不说除刑法典之外，日本的特别法数量比中国多得多。

而且，日本很多行政管理法规中设有刑罚规定。由于这些法规基本上都是行政法，所以条文大部分都由“必须是……”构成。对违反这些法规的重要行为，在末尾会设有科以刑罚的“罚则”。

也就是说，日本可以科以刑罚的行为不是只存在于“刑法典”中，而且也分散在非常多数量的特别刑法和有庞大数量的行政管理法规中的“罚则”里。如果被科以刑罚的行为都能称为犯罪的话，在日本，外国人在一望无际的法律法规中想要了解犯罪是非常困难的。

2. 这样来看，有个疑问是，在日本被认为是犯罪的行为，在中国究竟是怎样进行处理的。因为刑法典分则的条文数日本是 205 条，而中国是 350 条，所以很明显日本所谓的大多数特别法犯已经被编入了中国的刑法典中。

即便如此，我很关心的是中国又是如何处理日本特别法犯以外的行为呢。关于对非常多的违反行政管理惩罚条例被科以刑罚的情况，中国是如何处理的？不得不说这是日中两国法律制度比较研究时很大的问题。

根据我的推测，在中国，这些行为大部分是行政处分的对象。因此，从这里可以看出，相比日本，这是中国非犯罪化、非刑罚化先进的依据。那么，为什么日本对这些行为处以行政处分有所犹豫，而是直接作为刑罚的对象呢？

我想其依据根本在于对战前刑事司法的反省。由于日本在战争期间采用了军国主义、专制主义，所以，在审判时，相比人权确实有更重视国家秩序的国家主义倾向。但是，据我所知，在战争期间，日本的裁判官也基本守法了。我认为与审判相比，行政上的人权侵害更多。

战后，当确立新的法律制度时，“对行政官厅的不信任，对裁判所的依赖”之所以能成为指导理念，就是因为曾经有这样的历史事实为背景。行政处分是在国民看不到的地方实施，而与此相反，刑罚是在公开的裁判所里经过审理进行判决。只能说仅从形式上来说，日本还是重视了这两者之间的差异。

与日本不同，在1949年以后的社会主义中国，至少在形式上，与法院是“人民法院”相同，行政官厅也是“人民政府”。不管是对人民法院还是对人民政府的信赖，都必须是相同的。从这样的情况来看，以我的推测，在中国至少在理念上确立法律制度时，并不是以像战后的日本那样对裁判所过度的信赖，对行政官厅过度的不信任为前提的。关于这点，在今天的研讨会中，也希望能听一下中国法律专家的意见。

3.再从别的观点来看，日本认为在形式上，即使是损害轻微的“微罪”，也认为是犯罪。与此相对，中国《刑法》第13条规定了犯罪的概念，并在文末规定“但是情节显著轻微危害不大的，不认为是犯罪”。在实体法中，由于中国并不把轻微犯罪规定为犯罪，所以，这点上比起日本，中国刑法典更反映了非犯罪化的理念。

不过，在日本也有学说提倡“可罚性的违法性理论”。这种学说认为，即使形式上符合构成要件，违反性也是仅限于“应该被处以刑罚的行为”，从而把轻微犯罪从犯罪中除去。但是，这个理论并不是通说。通说认为，就算只偷了1日元，形式上也是盗窃罪。

只是日本是否会对这样的轻微犯罪进行起诉，现实中又是另一回事。在日本，起诉还是不起诉，由侦查机关考虑种种事由来判断。也就是所谓的“起诉便宜主义”，而没有采用欧洲各国的起诉法定主义。

即，日本《刑事诉讼法》第248条规定，“根据犯人的性格、年龄和遭遇、犯罪的轻重和情节以及犯罪后的情况，认为没有必要进行诉追时，可以不提起公诉”。在此规定中，明确包含着“犯罪的轻重”。

这样的制度存在产生不公平的缺点。但“形式上正确规定，实务中为了让其与实际情况相符进行灵活处理”这种观点，可能是与住在岛国的日本人的想法相一致的，并根深蒂固。至少轻微犯罪也是犯罪的刑法理论，确定是以起诉便宜主义这种程序法的制度为前提的。

把轻微犯罪从犯罪本身中除去，正是因为中国把非犯罪化、非刑罚法作为法律制度整体的一个方针，才能够实现这一点吧。

（四）关于刑法解释

虽然有关刑法解释的问题，没有从刑法典的语句中直接反映出来，但我想在这里提及关于对刑法的处理日本和中国有一个非常大的不同点。

在中国，刑法典制定后，最高立法机关即全国人民代表大会及其常务委员会可以对解释上见解非常对立的条文按照自己独自的解释决定并公布。

例如，关于村民委员会等村基层组织人员在从事哪些工作时属于中国《刑法》第93条第2项规定的“其他依照法律从事公务的人员”，在2000年4月29日第15次会议上，全国人民代表大会常务委员会公告并揭示了涉及七种情形的各种工作。

根据在研讨会现场的甲斐先生所翻译的中华人民共和国刑法，到2011年8月为止，全国人民代表大会常务委员会已经公告了与刑法有关的9个立法解释。

与此相对，日本的最高立法机关即众议院或者参议院并不会通过这样的解释并对其公告。法律一旦被制定，就会全部委托裁判所的审判进行公开解释。如果对法律解释有所争论，只能根据刑事诉讼法上的上诉审或者其他行政程序来解决。

为什么会产生这样的不同呢？首先，在中国，有权进行解释的不是行政机关而是立法机关，并不是采用三权分立制度，而是基于在制度本身中立法权和司法权独立程度的不同。在日本，由于严格区分立法权和司法权，所以就像之前所说，法律一旦被制定，就完全由裁判所来进行判断。我想请教中国的法学专家们，在中国是否可以说并没有严格区分这两者？

不过，采取这些措施的背景是由于中国国土面积大，法院数量多，无法期待立即对类似案件进行统一的判断。为了避免不公平，这样的一元解释有必要由中央来下达，可以想象，相比日本，中国有更多强有力的事由。那么，从日本的立场来看，有一个疑问就是：为什么不把解释权交给最高的司法机关即最高人民法院，而是把权限给予立法机关即全国人民代表大会。

不管怎样，这个不同点作为象征着日本和中国之间原则上的区别，可以说是非常有意思的课题。

二、从微观的角度来看

（一）“剥夺政治权利”的法律性质不同

1. 总论中作为很明显的反映日中不同点的一个个别制度，就是是否存在关于剥夺政治权利的规定。

中国《刑法》第三章第七节以剥夺政治权利为标题设有 5 条规定。首先，第 54 条规定“剥夺政治权利是剥夺下列权利”，即“选举权和被选举权”“言论、出版、集会、结社、游行、示威自由的权利”“担任国家机关职务的权利”“担任国有公司、企业、事业单位和人民团体领导职务的权利”。

根据第 56 条的规定，这种政治权利的剥夺，对“危害国家安全的犯罪”应当附加剥夺，而对于“故意杀人、强奸、放火、爆炸、投毒、抢劫等严重破坏社会秩序的犯罪”可以附加剥夺。也就是说，剥夺政治权利并不是主刑，而是与没收相同的追加在主刑上的附加刑的一种。

2. 与此相对，在日本，剥夺政治权利并不是刑罚，而是被当作具有前科效果性质的一种行政处分。

比如，日本《公职人员选举法》第 11 条第 1 项规定，“以下人员不具有选举权和被选举权”，即“被处以禁锢以上的刑罚在其执行结束之前的人”（第2号）、“被处以禁锢以上的刑罚在终止其执行前的人（缓刑中的人除外）”（第3号）、因特定的公务员犯罪（第4号）、特定的选举犯罪（第5号）而被处以刑罚的人等（第4号、第5号），允许剥夺其政治权利。

被处以刑罚的事实，不只是像以上这样剥夺政治权利，而且在医生、兽医的许可，公务员的就职，裁判官、检察官的任命，律师、专利代理人等的登记时，都有影响。只是，在日本，必须注意的是上述一切仅仅是一种行政处分。

3. 那么，问题是，日中之间为什么会产生这样的不同。对于我来说，无法理解的是，像以上所述，一般来说相比日本，中国的非犯罪化、非刑罚化更加先进。而在剥夺政治权利这个领域，为什么会出现相反的现象？

遗憾的是，我并不清楚这个问题的原因。我期待着如果在今天的研讨会上进行讨论，也许会弄清真相。

（二）是否存在法令或者是正当业务行为的规定

日本《刑法》第35条规定，根据法令或者是正当业务实施的行为，不受处罚。在中国，相同的规定并不存在于刑法典中。只是从高先生的报告中可以得知，其他法律对此有所规定。例如，对于拘留、逮捕行为，在刑事诉讼法、行政诉讼法以及民事诉讼法中都有规定，对于医疗行为等业务行为，《执行医师法》等卫生法规进行了规定。

只是从日本的立场来看，严格来说，这些个别法律并不能充分应对各种情况。如果刑法典没有综合规定，就无法阻却很多正当行为的违法性，从而至少在形式上有可能会变成犯罪。

例如，可能会有人理解为，因为裁判官的死刑判决、监狱警察的死刑执行等是理所当然的职务行为，所以即使没有阻却违法性的特别规定也是没有问题的。但是，这还是无法否定故意杀人或者其教唆的实际情况，所以，还是需要阻却违法性的规定。

又如，因拳击时互相殴打，结果把对方的脸打伤，就算流了鼻血也不成立伤害罪，但是，对此却并无任何规定。

关于这点，日本的研究者是很在意的。日本受德国刑法的影响很深，在构成要件该当性的判断中对好或者坏，从站在不包含实质评价的立场上看，不管是死刑执行还是拳击都符合构成要件，只要没有明确的违法阻却规定，就会变成杀人罪。

关于这点，就像认为轻微犯罪不是犯罪一样，也许是以中国人独特的看待事物的方式为依据。所以，我在这里提出来，想将其作为讨论的对象。

（三）管制

关于刑罚制度，日中之间还有一个很大的不同，那就是管制。中国的“管制”是在刑事设施之外所认可的以处罚为内容的刑罚种类。而日本并没有这样的刑罚种类。在日本，只有在缓刑期间或者假释期间作为“保护观察”的内容，实施部分相似的处理。

根据中国《刑法》第38条的规定，管制的期限为三个月以上二年以下（第1款）。对被处以管制的人，“可以根据犯罪情况，同时禁止犯罪分子在执行期间从事特定活动，进入特定区域、场所，接触特定的人”（第2款）、“依法实行社区矫正”（第3款）。

日本人一听刑事设施外的以处罚为内容的刑罚，就会立即联想到英国等国发达的社区服务，但是，管制这种刑罚种类，在内容上多少与社区服务不同。不仅是最初的刑法即1979年的旧刑法有此规定，一般认为在还没有刑法或者刑事诉讼法等基本法律时，根据社会主义的道德和规范来维持秩序，改造反革命分子的时代以来的经验就已是其基础。不夸张地说管制是中国特殊的传统刑罚制度。

我并不清楚为什么高先生的报告中没有涉及这个应该引以为豪的制度。我非常想听一下高先生对管制的评价，以及实际中效果是否变得更好。

1988年在上海举行的第一届日中刑事法学术研讨会上，华东政法大学的苏惠渔先生曾高度评价管制制度。他说，“从实际效果来看，非常多的被管制犯人接受了适当的惩罚和教育，得到了改造，并没有重新犯罪。管制特别是对改造犯人有效果的方法。在实践中也被证明了其作用”。

只是这已是在旧刑法时代对管制制度的点评，而且是 30 多年前的评价，是否在今天还能这样认为呢？如果能听到高先生关于这方面的意见，将感到非常荣幸。

中日两国刑法典总则比较研究

高铭暄[①]

中国现行刑法典制定于1979年，全面修订于1997年。1997年至今，又先后进行了9次部分修订，最后一次修订生效于2015年11月，总则由5章、103个条文构成。日本现行刑法典制定于1907年，生效于1908年，百余年来历经数十次修订，最后一次修订于2016年6月，总则由13章、84个条文构成。虽然中日两国的刑事立法都受到了大陆法系刑法传统的影响，但是由于法律文化、法典制定的时代背景、贯穿刑法典的基础思想等不同，二者在许多方面还是有着明显的不同之处，如在宏观方面，中国刑法典总则的结构逻辑是由犯罪到刑罚，日本刑法典总则是由刑罚到犯罪。本文选择如下七个刑法基本问题，就中日两国刑法典总则的相关规定予以比较。

① 中国人民大学荣誉一级教授。

一、法人犯罪

中国《刑法》总则第30条与第31条明确规定，公司、企业、事业单位、机关、团体实施的危害社会的行为，法律规定为单位犯罪（法人犯罪）的，应当负刑事责任，对单位判处罚金，并对其直接负责的主管人员和其他直接责任人员判处刑罚。与此相对，虽然日本的特别法中规定有法人处罚，但是刑法典中并没有规定法人犯罪，日本刑法典总则中规定的“人”通常被解释为不包括法人的自然人。[①] 中日两国刑法典总则的这一差异，体现出了两国刑法理论对责任本质的不同理解。

中国的刑法理论通常认为，“刑事责任就是指行为人对违反刑事法律义务的行为所引起的刑事法律后果能提供衡量标准的、体现国家对行为人否定的道德政治评价的刑事实体性义务”[②]，强调的并非单纯的道德评价，因此对于不具有身体及其意志的法人的刑事责任并不绝对排斥。与此相对，在日本的刑法理论中，认为责任的本质是道义上的非难可能性的观点仍然相对有力，所以对于法人刑事责任存在内在的抵触，因为“法人没有自己的身体与精神，而刑法规定身体活动与心

① 参见［日］山口厚:《刑法总论》，有斐阁2001年版，第32页。

② 高铭暄主编:《刑法专论》（上编），高等教育出版社2002年版，第475页。

理要素是犯罪的成立要件，法人的性质与刑法的处罚要件相矛盾”[①]。

与此同时，虽然日本法律规定法人处罚与中国刑法规定法人犯罪的背景非常类似，都是在法人违法行为，尤其是公害犯罪行为频发的背景下的政策选择，[②]但是两国处罚法人的原则是不同的。在日本，主张“关于雇员的违法行为，可以推定法人主未能尽到预防违法行为所必需的选任/监督义务，只要法人主不能证明已经尽到了上述义务，则不能免予处罚”[③]的过失推定说，自1957年以来就在法人处罚实践中占据支配地位，质言之，即“法人的处罚根据在于未能尽到防止违法行为的必要责任，而且只要不能证明无过失，就可以进行处罚”[④]。而中国刑法处罚法人的原则类似于代理责任，在实践中，通常只要能够确定直接责任人员的个人刑事责任，就可以追究法人的刑事责任。

虽然日本刑法尚未规定法人犯罪，但是随着对法人行为的规制需要日渐增大，从社会非难的角度肯定法人犯罪能力的日本学者逐步增多。例如，曾根威彦教授认为：“如果以社会行为

---

①[日]樋口亮介：《法人处罚与刑法理论》，东京大学出版会2009年版，第2页。

②参见周振杰：《比较法视野中的单位犯罪》，中国人民公安大学出版社2012年版，第15页以下。

③[日]神山敏雄：《日本的经济犯罪：其实情与法律对应》，日本评论社2002年版，第278页。

④[日]山口厚：《刑法总论》，有斐阁2001年版，第36页。

论为基础，将行为理解为社会生活中的实体存在……如果将责任理解为社会非难可能性，而不是道义的、伦理的非难可能性，对于法人，通过刑罚加之以法的、社会的非难是十分可能的，尤其是在违反具有强烈的合目的性特征的行政管理法规的犯罪（行政犯、法定犯）的场合，肯定法人的犯罪能力具有更大的合理性。”① 井田良教授也认为：“只要认为刑法的本质，是通过规范（社会准则）影响行为意志，并进而实现行为统制，就没有理由将与自然人并列的法人（以及其他团体）排除于犯罪主体之外。”②

尤其应该指出的是，现在中日两国都有学者提出，应该以企业社会责任为前提，将企业合规计划的制订与实施作为法人刑事责任的基础要素之一，以提高法人本身发现、制裁内部违法行为的积极性，有效预防法人犯罪。③ 所以，虽然中日刑法典总则在法人犯罪的态度方面截然不同，但是在理论上却存在一定的相似之处。

---

①[日]曾根威彦：《刑法总论》，弘文堂2006年版，第70—71页。

②[日]井田良：《讲义刑法学·总论》，有斐阁2008年版，第97—98页。

③例如，参见[日]甲斐克则：《企业犯罪刑事责任与适法计划》，载[日]田口守一、甲斐克则、今井猛嘉、白石贤编著：《企业犯罪与适法计划》，商事法务2007年版，第105页以下；周振杰：《比较法视野中的单位犯罪》，中国人民公安大学出版社2012年版，第117页以下。

二、共同犯罪

中国《刑法》总则在第 25 条至第 29 条、日本《刑法》总则在第 60 条至第 65 条都对共同犯罪进行了规定。中日刑法典总则关于共犯的规定，存在一定的相似之处，如都规定了从犯、教唆犯，并且都规定对从犯从宽处罚。但是，二者在如下几方面的区别也是非常明显的：

第一，关于共同犯罪人的分类不同。中国刑法典总则将共同犯罪人分为主犯、从犯、胁从犯与教唆犯四类，日本刑法典总则将之分为正犯、从犯与教唆犯三类。当然，从行为支配说的角度出发，可以认为中国《刑法》总则第 26 条第 1 款规定的"组织、领导犯罪集团进行犯罪活动的或者在共同犯罪中起主要作用的，是主犯"与日本刑法理论中的"直接正犯"加上"间接正犯"的范围在实质上有一定的相同之处，二者都是在共同犯罪中发挥"支配作用"的行为人。

第二，关于过失共犯。日本刑法典总则中并无关于过失共犯的规定，但是因为日本最高法院在 1953 年有过肯定过失共犯的判例，在下级法院虽然存在否定的案例，但是也存在肯定的案例，所以刑法理论界就过失共犯存在争议。[①] 中国《刑法》第

①［日］山中敬一：《刑法总论》，成文堂 2008 年版，第 845 页。

25 条第 2 款明确规定，二人以上共同过失犯罪，不以共同犯罪论处，应当负刑事责任的，按照各自的犯罪分别处罚。最高人民法院 2000 年颁布的《关于审理交通肇事刑事案件具体应用法律若干问题的解释》第 5 条第 2 款规定："交通肇事后，单位主管人员、机动车辆所有人、承包人或者乘车人指使肇事人逃逸，致使被害人因得不到救助而死亡的，以交通肇事罪的共犯论处。"有的学者据此提出，中国也存在过失共犯。但是，从刑法典的规定出发，过失共犯是不存在的，这一解释的规定，实际上是根据中国《刑法》第 25 条第 2 款做出的解释。

第三，关于教唆犯的处罚原则。中国《刑法》第 29 条规定，教唆他人犯罪的，应当按照他在共同犯罪中所起的作用处罚，即既可能处以主犯的刑罚，也可能处以从犯的刑罚。日本《刑法》总则第 61 条与第 62 条分别规定，教唆他人实施犯罪的，处以正犯的刑罚，教唆从犯的，处以从犯的刑罚。同时，特别规定，教唆教唆犯的，也处以正犯的刑罚。显而易见，对于教唆犯处罚的基础，中国刑法典重视的是教唆犯本身的作用，日本刑法典重视的是其教唆的对象的作用。

同时，中国《刑法》总则第 29 条规定，教唆不满 18 周岁的未成年犯罪的从重处罚。如果被教唆的人没有犯被教唆的罪，对于教唆犯，可以从轻或者减轻处罚。这里的"被教唆的人没有犯被教唆的罪"包括如下几种情形：(1) 被教唆人拒绝了教唆犯的教唆；(2) 被教唆人接受了教唆，但是其后又打消了犯意；

（3）被教唆犯接受教唆后，实施了被教唆的犯罪之外的犯罪。也即，即使被教唆人没有实施任何刑法分则规定的实行行为，其教唆行为本身也具有可罚性。日本刑法理论通常认为，根据共犯从属说的观点，处罚教唆犯，应以被教唆者的行为具有可罚性为前提，如果被教唆者对教唆予以拒绝，没有实施任何违法行为，则对教唆者也就没有可罚的基础。①

第四，关于片面共犯。在日本的刑法理论中，存在着从犯罪共同说出发的否定观点，与从行为共同说出发的肯定观点，在司法实践中，就片面共犯，尤其是片面的共同正犯，同时存在肯定与否定的案例；②而中国刑法理论通常认为，从《刑法》总则第 25 条“共同故意”的要求出发，“片面教唆犯和片面实行犯是不可能发生的”。③

第五，就轻微犯罪的教唆犯与从犯的处罚。日本《刑法》总则第 64 条规定，对于仅处以拘留或者科料的犯罪的教唆犯与从犯，如果没有特别规定，不予处罚。中国刑法典总则中虽然没有类似规定，但是根据第 27 条第 2 款“对于从犯，应当从轻、减轻处罚或者免除处罚”的规定，以及第 13 条犯罪“情节显著轻微危害不大的，不认为是犯罪”之规定，对于轻微犯罪

---

① 例如，参见［日］山口厚：《刑法总论》，有斐阁 2007 年版，第 317 页。

② 参见［日］山中敬一：《刑法总论》，成文堂 2008 年版，第 841—842 页。

③ 高铭暄、马克昌主编：《刑法学》，北京大学出版社、高等教育出版社 2011 年版，第 166 页。

的帮助行为，根据中国刑法典总则的规定，也存在着不予处罚的空间。

第六，关于共犯中的身份问题。日本《刑法》总则第65条规定，对以犯罪人的身份为构成要件的犯罪进行加功的，即使不具有身份，也可以构成共犯；因身份而加重、减轻刑罚的，对于不具有身份者，处以通常的刑罚。中国刑法典总则中没有类似规定，对于某些以身份为构成要件或者加减情节的犯罪，主要是通过如下两个途径解决：一是通过司法解释进行规定，例如，在以前，就不具有国家工作人员身份的人是否可以构成受贿、贪污等以国家工作人员的身份为构成要件要素的犯罪，在理论上存在着很大的争议。最高人民法院、最高人民检察院2007年发布的《关于办理受贿刑事案件适用法律若干问题的意见》第7条明确规定，国家工作人员利用职务上的便利为请托人谋取利益，授意请托人以本意见所列形式，将有关财物给予特定关系人的，以受贿论处。特定关系人与国家工作人员通谋，共同实施前款行为的，对特定关系人以受贿罪的共犯论处。[①]特定关系人以外的其他人与国家工作人员通谋，由国家工作人员利用职务上的便利为请托人谋取利益，收受请托人财物后双方共同占有的，以受贿罪的共犯论处。二是在分则条文中具体规

① 此处的特定关系人，根据该《意见》第11条的规定，是指与国家工作人员有近亲属、情妇（夫）以及其他共同利益关系的人。

定，如《刑法》分则第238条规定，对国家机关工作人员利用职权实施非法拘禁行为的，从重处罚。

第七，关于日本刑法典总则没有规定，由“1958年的练马案”等刑事判例确立、发展的共谋共同正犯。[①] 中国刑法典总则中没有类似规定，司法实践中也没有类似概念。对于参加共同犯罪谋议，没有继续实施进一步行为但是需要处罚者，从中国刑法典总则的现有规定出发，存在三种处理方法：（1）对于积极教唆他人犯罪的，作为教唆犯处罚；（2）对于在教唆过程中起到帮助作用的，作为从犯处罚；（3）对于符合《刑法》分则第295条规定的“传授犯罪方法罪”构成要件的，以该罪独立进行定罪处罚。总体而言，中国刑法对于大多数仅仅参加谋议而后没有发挥作用的教唆犯的处罚范围相对较小、力度也相对较轻。一方面，对于大多数仅仅参加谋议而后没有发挥作用的教唆犯，在中国刑法中是作为从犯处罚，而非正犯；另一方面，对于这部分犯罪人也不是必定要处罚，还存在着根据《刑法》总则第13条的“但书”规定予以出罪的可能性。

三、正当化事由

中国《刑法》总则在第20条与第21条规定了正当防卫与

① 参见［日］川端博：《共犯理论》，成文堂2008年版，第36页以下。

紧急避险两项正当化事由，日本《刑法》总则在第35条、第36条与第37条规定了法令与正当业务行为、正当防卫与紧急避险三项正当化事由。两国刑法典总则的相关规定存在诸多的相同之处，如二者都规定紧急避险不适用于业务上有特定责任的人、对于避险过当行为与防卫过当行为应减轻或者免除处罚，需要特别予以说明的是：

第一，中国刑法典总则并没有规定法令或者正当业务行为，而是在其他法律中予以规定，如对于拘留与逮捕行为，在刑事诉讼法、行政诉讼法以及民事诉讼法中都有规定；对于医疗行为等业务行为，《执业医师法》等卫生法规进行了规定。

第二，在紧急避险与正当防卫的构成要件中，就二者的目的，中国刑法典总则规定可以为了“国家、公共利益”进行紧急避险或者正当防卫，日本刑法典总则仅规定“为了自己或者他人的权利”。但是在理论上，这里的“他人”，被认为包含作为法益主体的国家，如可以对侵犯国家财产的行为进行防卫，在司法实践中，也存在着允许对侵犯公共利益的行为进行防卫的判例。[①] 所以虽然法条表述不同，但中日两国刑法典总则关于防卫目的与避险目的的立场在本质上是非常靠近的。

第三，中国《刑法》总则第20条第3款规定了特殊防卫权，即对正在进行行凶、杀人、抢劫、强奸、绑架以及其他严

① 参见［日］山口厚:《刑法总论》，有斐阁2007年版，第121页。

重危及人身安全的暴力犯罪，采取防卫行为，造成不法侵害人伤亡的，不属于防卫过当，不负刑事责任。从防卫的必要性出发，防卫人在生命面临紧迫危险之际，为了保护自己的生命而造成侵害人死亡的，也可以认为是在防卫的相当性程度之内，所以这一款的规定，可以认为是对防卫程度的强调性规定。

第四，关于超法规的违法阻却事由。在日本的刑法理论中，存在着“超法规违法阻却事由”的概念，即没有明文规定的违法阻却事由，相关判例也没有予以否定。①中国的刑法以及指导性案例虽然都没有明确使用这一概念，但是从司法实践中被害人同意等酌定情节也是影响定罪量刑的重要因素出发，也不能说在中国的刑事法治领域完全不存在超法规的违法阻却事由。

四、犯罪的未完成形态

中国《刑法》总则在第 22 条、第 23 条与第 24 条分别规定了三种犯罪的未完成形态：犯罪预备、犯罪未遂与犯罪中止；日本《刑法》总则第 43 条与第 44 条也对犯罪的未完成形态进行了规定。比较二者的规定，可以发现：

第一，日本《刑法》总则第 43 条规定的未遂犯，包括已经着手实施犯罪，但是并未达到既遂状态的（障碍未遂），与根据

① 参见［日］山口厚：《刑法总论》，有斐阁 2007 年版，第 171 页。

自己的意志而停止犯罪（中止未遂）的两种情形，这其实包括了中国《刑法》总则第 23 条规定的犯罪未遂与第 24 条规定的犯罪中止。而且，二者对于障碍未遂与中止未遂的处罚原则也非常类似：对于前者，都可以减轻；对于后者，既可以减轻也可以免除。

第二，就未遂犯的处罚范围，日本《刑法》总则第 44 条的态度是“以不处罚为原则，以处罚为例外”，即分则有规定的才处罚。虽然中国刑法典总则没有类似规定，在理论上可以认为对于所有的未遂犯都需要予以处罚。但是，中国刑法具有“定性加定量”的特点，刑法分则规定了大量的情节犯与数额犯，在通常情况下，具备法定的情节、达到法定的数额即构成犯罪（既遂）；不具备法定的情节、未达到法定的数额则达不到立案标准，当然也就不构成犯罪。所以，在实践中，对于未遂行为并不一概认定为未遂犯，更不是一律予以刑事处罚。

第三，就预备犯，日本刑法典总则中并没有规定对预备犯进行处罚，对于特别严重的犯罪，是在分则进行了特别规定，如《刑法》第 78 条规定的内乱预备罪、第 93 条规定的私战预备罪、第 108 条规定的对现住建筑物放火的预备罪、第 201 条规定的杀人预备罪。中国《刑法》总则第 22 条规定：“为了犯罪，准备工具、制造条件的，是犯罪预备。对于预备犯，可以比照既遂犯从轻、减轻处罚或者免除处罚。”从这条规定出发，在理论上可以认为中国刑法采取的是“以处罚为原则以不处罚为例外”的立场，但是在实践中，与上述未遂犯的情况类似，对一般性犯罪的预备行为并不认定为预备犯予以处罚，只有对少数严重犯罪，如故意杀人罪等的预备犯才认定为预备犯予以处罚。

五、刑罚的种类与执行

（一）刑罚的种类

如附表所示，在主刑方面，中国刑法典总则与日本刑法典总则都规定了针对生命的刑罚（死刑）、针对自由的刑罚（中国刑法典中的管制、拘役、徒刑；日本刑法典中的禁锢、惩役、拘留）。虽然中国《刑法》总则并没有规定针对财产的主刑，但是考虑到中国刑法典总则第 34 条第 2 款“附加刑也可以独立适用”的规定，将罚金实际上作为主刑适用的情况也是存在的。

应该指出的是，中国《刑法》第 48 条在规定死刑时，规定了死刑缓期执行的制度，即对于应当判处死刑的犯罪分子，如果不是必须立即执行的，可以判处死刑同时宣告缓期二年执行。同时在第 49 条对特殊的犯罪对象的死刑问题进行了明确规定，即犯罪的时候不满十八周岁的人和审判的时候怀孕的妇女，不适用死刑。审判的时候已满七十五周岁的人，不适用死刑，但以特别残忍手段致人死亡的除外。这是中国刑法对《公民权利和政治权利国际公约》中有关死刑国际义务的回应，也是近年来中国落实宽严相济刑事政策的举措。

日本《刑法》总则第10条就刑罚轻重的比较，进行了相对详细的规定。虽然这里面有日本刑法典总则所规定的刑罚种类比较复杂的因素，但是这条规定，对于司法实践与民众理解刑罚的轻重具有重要的意义，值得我们借鉴。

（二）刑罚的执行

就刑罚的执行而言，中日两国刑法典总则规定的不同之处甚多，其中有两个方面尤其值得我们关注：

附表：中日刑法典总则中的刑罚比较

刑罚种类		中国刑法典总则	日本刑法典总则
主刑	生命刑	死刑（第33条）	死刑（第9条）
	自由刑	管制、拘役、有期徒刑、无期徒刑（第33条）	惩役、禁锢、拘留（第9条）
	财产刑		罚金、科料（第9条）
附加刑		罚金、剥夺政治权利、没收财产（第34条）、驱逐出境（针对外国人，第35条）	没收

第一，关于死刑的执行。日本《刑法》总则第11条规定，死刑在刑事设施内以绞首的方式执行。中国关于死刑的执行方式，没有在刑法典中规定，而是在《刑事诉讼法》第252条进行了规定，即死刑可以在刑场或者指定的羁押场所内，采用枪

决或者注射等方法执行，执行死刑不应示众，但是应当公布，而且应该通知家属。很明显，中日两国死刑的执行方法、执行的地点以及是否公开都有很大的不同。

第二，日本《刑法》第 18 条规定有“刑罚易科”制度，即对于不能交纳罚金、科料者，可以将之留置于劳役场。例如，对于不能交纳罚金的，可以在 1 日以上 2 年以下的期间内将犯罪人留置于劳役场；对于不能交纳科料的，可以在 1 日以上 30 日以下的期间内将犯罪人留置于劳役场。目前，在中国的司法实践中，罚金刑的执行是一个老大难问题，日本刑法典规定的这一制度对于我们具有一定的借鉴意义。中国学者也早已提出了参考包括日本在内相关国家的规定，引入刑罚易科制度的建议，[①] 但是由于中国幅员辽阔、经济发展不平衡，如何在实践中公平、公正地落实这一制度还需要进行进一步的探讨与研究。

六、缓刑制度

日本《刑法》总则在第 25 条至第 27 条之七规定了两种缓刑制度，即第 25 条至第 27 条规定的全部缓刑制度，与第 27 条之二至第 27 条之七规定的部分缓刑制度。中国《刑法》总则第

① 例如，参见龚明礼:《论易科处罚——完善中国刑罚制度之管见》，载《宁夏社会科学》1997 年第 3 期；王小丰:《易科制度基础研究》，载《黑龙江省政法管理干部学院学报》2004 年第 2 期。

72 条至第 77 条规定的缓刑制度，仅仅相当于日本刑法典总则规定的全部缓刑制度。

在全部缓刑制度方面，中日两国刑法典总则的规定存在一定的差异。例如，就适用对象，中国《刑法》总则第 72 条规定的缓刑适用对象中不包括被判处罚金的犯罪人，而日本《刑法》总则第 25 条规定，对于被判处 50 万日元以下罚金的，也可以宣告缓刑；中国《刑法》总则第 72 条规定对于符合缓刑条件的未成年人、孕妇与已满 75 周岁的老龄犯，应该予以缓刑，日本刑法典总则并无相似规定；再如，就缓刑期间的监督考察，中国《刑法》总则第 76 条规定对于被宣告缓刑的犯罪人一律实行社区矫正；根据日本《刑法》总则第 25 条之二的规定，不是对所有被宣告缓刑的犯罪人都必须附加保护观察。此外，中国《刑法》总则第 72 条规定，可以根据犯罪情况，对缓刑犯颁布禁止令，禁止其在缓刑考验期限内从事特定活动，进入特定区域、场所，接触特定的人，而日本刑法典中并无类似的明文规定。

在实质意义上，中日两国刑法典总则规定的全部缓刑制度也有着诸多相同之处，如二者都规定缓刑不适用于累犯、仅适用于被判处 3 年以下刑期的犯罪人、在缓期期间对犯罪人进行监督矫正、对于违反法定条件者或者在缓刑期间再次实施新罪的可以取消缓刑，等等。

部分缓刑是日本 2016 年 6 月 1 日开始实施的《刑法等部分

法律修正案》(《刑法等の一部を改正する法律》) 与《使用药物罪犯部分缓刑法》(《薬物使用等の罪を犯した者に対する刑の一部の執行猶予に関する法律》) 作为“全部实刑与全部缓刑的中间制度”而增设的刑罚执行制度。[①] 根据《刑法等部分法律修正案》的规定，如果被判处 3 年以下惩役或监禁的犯罪人，符合下述条件之一，考虑犯罪的轻重、犯罪人的境遇及其他情节，在认为防止累犯所必需而且相当之际，法官可以对犯罪人的部分刑期在 1 年至 5 年内的考察期间内宣告缓刑:(1) 没有被判处监禁以上刑罚的,(2) 虽然曾经被判处监禁以上刑罚，但是被宣告全部缓刑的，或者 (3) 虽然曾经被判处监禁以上刑罚，但是在刑罚执行完毕或者赦免之日起 5 年内，没有被判处监禁以上刑罚的。部分缓刑，从未被缓期的刑期执行完毕之日起计算。对于被宣告部分缓刑的，可以附加保护观察。《使用药物罪犯部分缓刑法》为了“防止使用药物等的罪犯再次实施犯罪，考虑到在刑事实施之内的矫正完成之后，继续在社区中针对其特点进行矫正，有助于改善其对管制药物的依赖”[②]，特别规定对于实施自己使用、持有管制药物的犯罪的，即使不符合《刑法》第 27 条之二规定的前科条件，也可以在 1 年至 5 年内的期限内，对其部分刑期宣告缓刑。但是，对于这部分犯罪人，在缓刑期

①[日] 永田宪史:《部分缓刑制度引入导致的刑罚细分化——从缓刑制度存在意义角度的论述》，载《刑事法杂志》2010 年第 23 期。

②《使用药物罪犯部分缓刑法》第 1 条。

间必须附加保护观察，而且在保护观察期间，犯罪人需要参加矫正药物依赖的专门项目，并定期接受简易药物检查。如果犯罪人同时符合药物犯罪部分缓刑与刑法规定的部分缓刑的要件，优先适用刑法规定部分缓刑。

日本规定部分缓刑制度的背景主要是刑事设施中的过度关押问题严重，假释率与欧美国家相比较低，而且自1998年之后呈下降趋势，导致保护观察的时间不足，难以发挥其矫正与帮扶的功能，只剩下了形式意义，在过度关押、保护观察时间不足的影响下，被假释出狱与刑满释放的犯罪人，尤其是违反管制药物规定的犯罪人的累犯率居高不下。[①] 自1997年以来，中国刑法一直在扩大犯罪圈，“理论上仍有相当学者主张我国未来刑事立法应继续实行犯罪化，立法者对于犯罪化的趋势也似无停止之意”[②]，所以，犯罪圈继续扩大的基本方向暂时不会改变。如此，就出现了两个我们必须予以严肃对待的刑事政策难题：第一，随着在押服刑人员的增多，刑罚成本持续增加；第二，随着短期服刑人员的增多，交叉感染、犯罪人标签、脱离社会等短期自由刑的负面影响不断扩大。而且这两个难题之间紧密关联，相互作用：短期自由刑负面影响的扩大，可能导致更多的违法犯罪行为，进而增加在押服刑人员的数量；在新增

① 参见［日］森久智江:《论部分缓刑制度》，载《立命馆法学》2012年第56期;［日］今福章二:《更生保护与部分缓刑》，载《更生保护学研究》2013年第3期。

② 刘艳红:《我国应该停止犯罪化的刑事立法》，载《法学》2011年第11期，第108页。

的在押服刑人员之中，有大部分又是被判处短期自由刑的。

虽然日本刑法典总则规定的部分缓刑制度的效果还有待于实践证明，但是与部分缓刑制度有异曲同工之妙的美国肯塔基、印第安纳、乔治亚、得克萨斯、阿拉巴马、爱荷华、缅因、加利福尼亚等州自 20 世纪 60 年代开始实施的震慑缓刑（shock probation），已经被证明在降低非暴力犯罪人的再犯率、降低刑罚成本方面，有着积极的价值。[①] 而且日本规定部分缓刑制度的背景与中国当前面临的问题具有很大的相同之处，所以有的中国学者也提出了扩大缓刑适用，以及参照美国的震慑缓刑（shock probation）和日本的部分缓刑制度的建议，[②] 从刑罚目的、宽严相济刑事政策以及当前中国社区矫正实践出发，对此问题有进一步研究的必要。

七、时效制度

刑事法中的时效有两种，其一是追诉时效，即刑法规定的司法机关追究犯罪人刑事责任的有效期限。犯罪已过法定追诉时效期限的，不再追究犯罪分子的刑事责任；已经追究的，应

① 参见周振杰：《美国的震慑缓刑制度及其借鉴》，载《环球法律评论》2007 年第 1 期；See Mark Motivans, Federal Justice Statistics 2010，http://www.bjs.gov/content/pub/pdf/fjs10.pdf, accessed 10 July，2016。

② 例如，参见周振杰：《美国的震慑缓刑制度及其借鉴》，载《环球法律评论》2007 年第 1 期；陈伯山：《对缓刑立法的修改建议》，载《法学与实践》1993 年第 3 期。

当撤销案件，或者不予起诉，或者宣告无罪。其二是行刑时效，即刑事法律规定的，对被判刑的人执行刑罚有效期限的制度。犯罪人被科处刑罚后，只有在行刑时效期内，刑罚执行机关才有权对犯罪人执行所判处的刑罚。行刑时效期间内所判处的刑罚未执行，超过行刑时效的，便不能再对犯罪人执行所判处的刑罚。行刑时效完成，是刑罚执行权消灭的一项重要事由。中国《刑法》总则第 87 条至第 89 条规定了追诉时效制度。根据第 87 条之规定，犯罪经过下列期限不再追诉:（1）法定最高刑为不满 5 年有期徒刑的，经过 5 年;（2）法定最高刑为 5 年以上不满 10 年有期徒刑的，经过 10 年;（3）法定最高刑为 10 年以上有期徒刑的，经过 15 年;（4）法定最高刑为无期徒刑、死刑的，经过 20 年。如果 20 年以后认为必须追诉的，须报请最高人民检察院核准。在日本，追诉时效规定在《刑事诉讼法》第 250 条，而非刑法典总则之中。日本刑法典总则规定的是行刑时效。根据日本《刑法》总则第 31 条与第 32 条之规定，除死刑判决外，在判决确定之后，如果在下述期间内刑罚没有执行，则予以免除：无期徒刑或者禁锢，30 年；10 年以上有期惩役或者禁锢，20 年，3 年以上 10 年以下惩役或者禁锢，10 年；3 年以下惩役或者禁锢，5 年；罚金，3 年；拘留、科料以及没收，1 年。

虽然中国刑法典总则规定对于可能判处无期徒刑、死刑的案件，如果 20 年以后认为必须追诉的，须报请最高人民检察院核准，但是在实践中目前还没有先例。日本刑事立法直接废除了死刑案件的追诉时效与行刑时效，就此而言，是严于中国刑事立法的。日本刑法典总则与刑事诉讼法中关于时效的规定，是2010年4月27日开始实施的《刑法、刑事诉讼法改正案》(《刑法及び刑事訴訟法の一部を改正する法律案》)修订的。因为如下两个因素，该法案从审议到成立仅用了史无前例的4周时间：第一，许多在日本国内造成重大影响的凶杀案件，如1978年发生在东京足立区的某小学教师被杀、遗体被抛弃案，1988年发生在福冈县北九州市的某公司职员被杀案等，虽然公诉时效已过，但是凶手并没有查明，社会各界对此普遍不满；第二，“全国犯罪被害人会”以及“杀人案件被害人遗属会”等民间组织积极开展以废除、延长相关时效为目的的活动，获得了广泛的社会支持。① 概括而言，日本刑事立法中追诉、行刑时效的废除、延长，在一定程度上是受到了公众舆论的左右，尤其是在将延长、废除公诉时效的规定适用于已经发生的刑事案件方面，在日本学界是存在反对的声音的。②

日本关于时效规定的修改，是刑罚民粹主义（penal populism）影响刑事法治的具体体现之一。这种影响在许多国家

---

① 参见［日］藤本哲也：《关于废除、延长公诉时效及行刑时效的思考》，载《罪与罚》2010年第47卷第3期，第42—52页。

② 参见［日］川出敏裕：《关于公诉时效制度修正论》，载《刑事法杂志》2009年第18期；［日］三岛聪：《逆风中的公诉时效——以保护难以看见的利益为中心》，载《法律时报》第81卷第9期，第1—3页。

都是存在的，在中国刑事立法扩大犯罪圈的过程中，也存在质疑甚至反对的声音。[①] 例如，有的学者认为：“中国刑法一直沿着犯罪化的轨道作单轨运行。这主要是由于作为非犯罪化思想基础的自由主义、刑法谦抑主义、经济主义和法益保护主义在中国并未真正生根开花，而权力本位、万能主义刑法观尚根深蒂固。以现代价值理念反思中国刑法规定的一些犯罪并非应然地是必须以犯罪论处的行为。”[②] 从刑法应以法益保护为任务，以及刑法谦抑原则等角度出发，我们对于刑罚民粹主义应该保持清醒的认识与足够的警惕。

结语

刑法是社会治理的重要工具，在一定意义上也是人权的大宪章。虽然各国有着不同的法律传统、文化背景与社会现实，但是保障权利、尊重自由与维护秩序，是各国刑法的重要价值所在。中日两国在文化方面有着长久的渊源，在刑法传统方面

① 例如，参见陈兴良：《犯罪范围的合理定义》，载《法学研究》2008 年第 3 期；刘艳红：《我国应该停止犯罪化的刑事立法》，载《法学》2011 年第 11 期；郑丽萍：《犯罪化和非犯罪化并趋——中国刑法现代化的应然趋势》，载《中国刑事法杂志》2011 年第 11 期；陈璐：《犯罪化如何贯彻法益原则》，载《中国刑事法杂志》2014 年第 3 期；刘强：《我国适当扩大犯罪圈的必要性及思路》，载《青少年犯罪问题》2014 年第 5 期。

② 郑丽萍：《犯罪化和非犯罪化并趋——中国刑法现代化的应然趋势》，载《中国刑事法杂志》2011 年第 11 期，第 3 页。

都有着大陆法系的特征，在刑事司法方面有着内在的和合性。所以，中日两国刑法典总则虽然在某些基本问题上有着不同的规定，但是不少规定在实质上有着相同之处。此外，随着全球化的发展，在诸如反恐怖主义、反腐败、公害犯罪等许多世界各国都面临的问题上，基于共同利益的考虑，各国刑法在基本立场上还会有进一步的协调与靠近，我想中日刑法也不会例外。这些基本问题，应该成为我们下一步重点研究的课题。

日中刑法典不同点的分析
——以刑法分则为中心

[日] 高桥则夫[①] 著
何琳[②] 译

一、引言

迄今为止，关于日中刑法召开过很多次研讨会。这些研讨会基本上是围绕个别的论点，即都是以理论方面为中心进行讨论。这一次的研讨会非常有意义，因为它是以两国的刑法典本身的不同点为中心，对条文的形式即理论刑法学的出发点进行综合确认。这一次的研讨会，不仅是为了纪念高先生被早稻田大学授予名誉博士称号，另外，同行的冯先生也曾经在我的研究室学习了两年。能和两位先生，还有充满活力的西原先生一起讨论刑法，我从心里由衷地感到高兴。

我演讲的内容是就刑法分则对日中刑法典的不同点进行分

① 日本早稻田大学法学部教授。
② 日本早稻田大学法学部博士生。

析。不过，如果详细分析刑法分则中的各种犯罪类型，不仅超越了我的能力，也有时间上的限制。因此，以下将对刑法分则分为总体讨论和个别讨论，并进行一些考察。

二、关于刑法分则的总体讨论

（一）日本刑法典的制定过程和修改过程

日本刑法典在明治维新以后受到西欧法影响，实现了近代化。所以，近代刑法是从明治维新之后才开始的。

明治维新后，最初的刑法典是临时刑律。在那之后，又出现了新律纲领、改定律例，但这些依然与近代刑法的水准相差太远。不过，在改定律例中，第一次采用了第 ×× 条的条文形式，并导入了徒刑、禁锢等近代的刑罚种类，可以认为是受到了欧洲法制的影响。

由于日本跟欧美各国缔结了不平等条约，因此，明治政府不得不给予其领事裁判权，鉴于日本法典的非近代化，所以，在 1873 年邀请了巴黎大学的教授 Gustave Emile Boissonade de Fontarabie 协助立法。于是，在 1880 年 7 月 17 日颁布了刑法，从 1882 年 1 月 1 日起开始实施，也就是所谓的“旧刑法”。

可以列举以下几个旧刑法的特征，例如，从正面承认罪刑法定主义、排斥因身份不同的差别待遇、确立了责任主义、把死刑限定为绞刑等。但是，由于旧刑法的一部分与我国国情不相符合，所以，在其实施之年就开始了修改工作，结果，就有了现行刑法（1907 年 4 月 24 日公布，1908 年 10 月 1 日起实施）。

一般来说，旧刑法是以法国刑法为模本，与此相对，现行刑法是受了 1871 年德国刑法的影响。不过，不只是受了德国一个国家的影响，从还受到好几个国家的影响来看，可以说是复数继受。从与刑法分则的关系来看，可以列举以下几个现行刑法的特征，如废止了重罪、轻罪、违警罪 3 种犯罪的分类，减少了条文数，把法律条文简单化，明显扩大了刑罚裁量的余地等。

现行刑法从 1907 年制定后，经过了 100 多年，迄今为止，进行了多次部分修改。在刑法分则中，删除了针对皇室的犯罪（第 73—76 条）、针对外国元首、使节的犯罪（第 90 条、第 91 条）、妻子的通奸罪（第 183 条），针对稳定秩序的犯罪（第 7 章之二）的规定，加重了公务员滥用职权罪（第 193—195 条）、暴行罪（第 208 条）、胁迫罪（第 202 条）的法定刑等。

之后也对一部分进行了修改，比较新的修改有，如 1987 年对电脑犯罪的规定，1995 年的现代表记化和尊亲属重罚规定的废止，到了 2000 年之后，有 14 条的修改（如把有期徒刑的期长提高到 30 年），新设了危险驾驶致死伤罪（第 208 条之二）、汽车驾驶过失致死伤罪（第 211 条第 2 项），创设了有关支付用磁卡的电磁记录罪（第 18 章之二），新设了人身买卖罪（第 226 条之二）和有关非法指令的电磁记录罪（第 19 章之二），对强制执行妨害罪等进行了修改。2013年，根据有关因汽车驾驶致人死伤行为等处罚法律的成立，危险驾驶致死伤罪和汽车驾驶过失致死伤罪转移到了此法律中。再有，一部分缓刑制度被立法化，并于2016年6月开始实施。与此相对，刑法的全面修改工作也从很早的时候开始进行。在1961年12月20日曾公布改正刑法准备草案，并在1974年5月29日汇报了《改正刑法草案》。之后，由于对《改正刑法草案》的批判意见很大，刑法全面修改工作到今天也没有实现。

（二）中国刑法典中刑法分则的构造

中国《刑法》第2编分则，从第1章到第10章，一共有351条。顺序依次为，第1章危害国家安全罪，第2章危害公共安全罪，第3章破坏社会主义市场经济秩序罪，第4章侵犯公民人身权利、民主权利罪，第5章侵犯财产罪，第6章妨害社会管理秩序罪，第7章危害国防利益罪，第8章贪污贿赂罪，第9章渎职罪，第10章军人违反职责罪。这个顺序会像之后所叙述的那样，是以犯罪社会危害性的轻重来排列的。

中国刑法典分则的条文数非常多，而且很多条文都非常长。像这样的立法方式，在具体规定每个犯罪上较为容易理解这方面是优点，但是，另一方面，关于对条文的主旨、条文与条文之间的关系等，会有难以理解的缺点。

从刑法分则的内容大概来看，规定了很多现代的犯罪类型。

例如，恐怖组织犯罪（第 120 条），邪教组织犯罪（第 300 条），黑社会组织犯罪（第 294 条），劫持航空器罪（第 121 条），劫持船只、汽车罪（第 122 条），有关核材料的犯罪（第 125 条第 2 款、第 151 条第 1 款），洗钱罪（第 191 条），电脑犯罪（第 285—287 条），环境犯罪（第 338—346 条）等。再有，为了处理中国现阶段多发的经济犯罪，规定了一些犯罪类型，即在第 3 章破坏社会主义市场经济秩序罪中，规定了各种各样的经济犯罪类型。而在第 8 章贪污贿赂犯罪中，也规定了各种各样的犯罪类型。在这些规定中，大多都以死刑作为其最高法定刑。

（三）日中刑法典中关于对特别刑法的定位

如上所述，日本几乎没有对刑法典进行部分修改，而是单独地制定了大量的特别刑法，或者是在各类法律中规定罚则。即在日本，尽可能不把特别刑法编入刑法典，而是作为特别的刑罚法规来立法。与此相对，在中国，基本上是把特别刑法编入刑法典之中。

中国刑事立法会出现这种特征，主要有以下两点原因：第一，谋求刑罚法规的统一化。即由于 1997 年新刑法的制定是把现存的单一的刑法法规等全部统一化为刑法典，所以在那之后，所有的犯罪原则上都由刑法典进行规定。第二，相对来说，刑法典拥有强大的抑制力，把全部的犯罪规定在刑法典中，对犯罪预防来说是很大的优点。不过，近年对这样的立法方式出现了一些不同意见。其理由是，经常修改刑法典会欠缺安定性，而且，从特别刑法很多是采取空白刑罚法规的情况来看，容易导致其与刑法典之间的相互矛盾。但是，通说还是赞成现在的立法方式。

笔者认为，在中国，是让刑罚这种制裁规范使刑法典统一，限定理解刑法的世界。与此相对，日本则认为，例如，即使是公司法的罚则规定，其中只要规定了刑罚，刑法的世界就不会发生任何变化。再如，中国是采取用刑罚这种制裁规范形成行为规范（禁止规范、命令规范）的态度。而在日本，则采取以下态度，即，像特别刑法条文规定的那样，首先要存在行为规范，然后从担保或者实效化行为规范的意义上设定制裁规范。由于刑法典是以科以刑罚为前提的法律，所以，在一个条文中行为规范和制裁规范仅仅合为一体。关于这点，在中国从期待刑法典抑制力这点也可以看出，中国是把刑罚这种制裁规范放在重点。而日本更重视行为规范的目的（法益保护），为了维持行为规范而设定制裁规范。在制裁规范中，有必要采取最强有力的手段时，才会科以刑罚。因此，从结论上说，日本是把行为规范放在重点位置的。

（四）日中刑法中关于犯罪概念的差异

日中刑法分则的差异，还可以说是因为日中“犯罪”概念的差异而引起的。中国的犯罪概念以“社会危害性”，或者说是以社会危害性的“大小”为基础的。即，中国《刑法》第 13 条（犯罪的定义）规定，一切危害国家主权、领土完整和安全，分裂国家、颠覆人民民主专政的政权和推翻社会主义制度，破坏社会秩序和经济秩序，侵犯国有财产或者劳动群众集体所有的财产，侵犯公民私人所有的财产，侵犯公民的人身权利、民主权利和其他权利，以及其他危害社会的行为，依照法律应当受刑罚处罚的，都是犯罪，但是情节显著轻微危害不大的，不认为是犯罪。根据该条但书的规定，罪与非罪的判断标准在于是否“情节显著轻微危害不大”。“不认为是犯罪”和“不是犯罪”（参见第 16 条关于不可抗力的规定）是不同的概念。对于前者，违反了刑法规范但由于是不重的行为所以可能成为行政处罚的对象。对于后者，因为是没有违反刑法规范的行为所以不能对其进行行政处罚。另外，“不认为是犯罪”和“不需要判处刑罚”（参见第 37 条关于微罪处分的规定）也是不同的概念。前者意味着不构成犯罪，后者是指虽然构成犯罪但考虑到具体情形没有必要科以刑罚。最后，如后所述，如在盗窃罪中，“数额较大”这种“量的要件”的存在，也是刑法分则的特征。

综上所述，根据中国刑法典的特征，可以作出以下定位，即是否成立犯罪还是以“社会危害性”的大小来判断，犯罪类型也是把产生的结果“结果类型”放在重点。在日本，关于犯罪是否成立，也考虑结果。不过，基本上，犯罪概念是“行为类型”，并以此为前提，其“产生的结果”，只不过会影响到违法性或者责任的“程度”。可以看出，这一点是两国之间的差异。

另外，在中国，根据“司法解释”把“情形”的严重程度和“危害”的大小具体化。“司法解释”是指最高人民法院或者最高人民检察院在刑法的运用或者司法实践中对刑法的规定作出的具体解释。

三、关于刑法分则的个别讨论

关于刑法分则各个条文规定的比较，以下限定于有特征的几点进行阐述。

（一）盗窃罪

如上所述，在中国刑法典中，把数额较大明文规定为盗窃罪的构成要件（中国《刑法》第264条）。根据司法解释，“数额较大”是指“500元到2000元”。这个范围有幅度，各个省的高级人民法院按照本地区的经济发展水平，在“500元到2000元”这个范围内决定当地的犯罪构成金额。例如，在湖北省盗窃1000元即是“数额较大”，构成盗窃罪。与此相对，在上海市，根据上海市高级人民法院的规定，盗窃2000元才是“数额较大”。另外，作为盗窃罪的构成要件，对“多次盗窃”也作出明文规定。关于这一点，司法解释认为多次盗窃是指2年内盗窃 3 次以上的情形。

中国刑法典还对很多财产犯罪，如诈骗罪（第 266 条）、侵占罪（第 270 条）、挪用资金罪（第 272 条）等，都规定了“数量上的要件”。另外，对抢劫罪还规定了死刑可以作为选择刑。

如上所述，日本并不存在影响犯罪成立的“数量上的要件”。曾经，根据可罚的违法性理论的解释，日本也作出过相同的结论。但是，现在由于最高裁几乎没有承认可罚的违法性理论本身，所以，数量上的要件就完全被定位于量刑事由。

（二）杀人罪和伤害罪

中国《刑法》第 4 章规定了侵犯公民人身权利、民主权利的犯罪。“人身权利”是生命权、健康权、自由权等的总称。

中国刑法关于杀人罪的规定（第 232 条）几乎和日本刑法典相同，但是，中国刑法没有日本《刑法》第 202 条“参与自杀罪和同意杀人罪”的规定。在中国，虽然同意（嘱托）杀人也是杀人罪，但是，在量刑上会从轻处罚，参与自杀并不受到处罚。

比较具有特色的是，中国《刑法》第 232 条后段规定了量刑事由，即情节较轻的，处 3 年以上 10 年以下有期徒刑。这里的情节较轻，包括了防卫过当、义愤杀人、激情杀人、嘱托杀人等。

中国刑法关于伤害罪（第 234 条）规定轻伤、重伤和伤害致死三种类型，分别适用不同的法定刑。再有，与伤害致死一起，规定了“以特别残忍手段致人重伤造成严重残疾”的犯罪类型。像这样，一方面把轻重作为犯罪成立要件的因素，另一方面，轻重也有可能成为加重事由。所以，要理解中国刑法中对“数量上的要件”的定位，是很困难的课题。

（三）非法使用窃听、窃照专用器材罪

中国《刑法》第284条规定，非法使用窃听、窃照专用器材，造成严重后果的，处2年以下有期徒刑、拘役或者管制。根据该条，必须要发生“严重结果”才能受到处罚。但是，这个要件在日本刑法里是“结果加重犯”还是“处罚条件”，并不是很清楚。关于这点，中国《刑法》第186条规定的违法发放贷款罪对“造成特别重大损失的”，加重刑罚，关于此处的“重大损失”包括什么内容，也会产生相同的问题。

四、结语

以上，对日中刑法分则的不同点，特别是对中国刑法典的特征进行了简单介绍，可以看出，中国刑法典与日本刑法典的差异还是比较大的。如前所述，存在非常多的“情形”“数额”“结果”等数量上的要件，而这些数量上的要件，需根据“司法解释”来决定。在日本，这种情况非常难以理解。但是，

这也是两国社会背景不同带来的必然结果，也正因如此，才是比较法的意义所在。

像引言所述，到目前为止，很多的日中刑法研讨会基本上是围绕刑法理论进行集中讨论的。而这次的研讨会以基础方面为中心，对刑法典本身进行比较。笔者衷心期待能够在此基础上展开对日中刑法的比较研究。

中日刑法典分则不同点的分析

冯军[①]

引言

尊敬的西原春夫教授，尊敬的高铭暄教授，各位女士，各位先生：

大家下午好！

这次能够前来早稻田大学参加“高铭暄教授名誉博士称号”授予仪式，并与我在早稻田大学访学时的指导老师高桥则夫教授一起就同一题目向诸位汇报自己的研究心得，实在是荣幸之至。

我向大家报告的题目是“中日刑法典分则不同点的分析”。

毫无疑问，中国刑法典和日本刑法典在刑法分则的规定中存在很多相同点，如都规定有轮奸[②]等，并且，有些相同点可以

---

① 中国人民大学法学院教授。

② 日本刑法称“轮奸”为“集团强奸”。根据中国《刑法》第 236 条第 3 款的规定，二人以上轮奸的，处 10 年以上有期徒刑、无期徒刑或者死刑；根据日本《刑法》第 178 条之二的规定，二人以上在现场共同强奸的，处 4 年以上有期惩役。

说具有东方特色，例如，都规定了大量的死刑[①]。作为东北亚的两个大国，明确中日刑法典分则的相同性，当然具有重要意义，中日刑法典具有的共同性能够把中日两国的刑法学者以共同分母的形式联结在一起。但是，一种纯粹的共同性会导致对存在本身的否定，对于中日两国的刑法学者而言，明确中日刑法典分则的不同点，或许具有更为重要的意义。只有理解了中日两国刑法典分则的不同内容及其产生根据，中日两国的刑法学者才能够在同一法学领域取长补短、相互促进、共同进步。人类文明存在于人类文化的共同性和差异性之中。人类文化的共同性是人类和平共处的基础，而人类文化的差异性则是人类发展进步的动力。

下面，我从刑法典分则的结构、具体罪名、法定刑以及刑事政策考量四个方面，具体分析中日刑法典分则的不同点。

一、刑法典分则的结构

中国刑法典与日本刑法典在立法模式上存在不同，中国刑法典采取了“以罪统刑”的立法模式，日本刑法典则与《唐律》相似，采取了“以刑统罪”的立法模式。日本刑法典分为两编，第一编“总则”，共十三章，其中，除了第一章“通则”

---

① 中国刑法规定了46个死刑罪名，日本刑法规定了10个死刑罪名。

（关于刑法的适用范围之规定）、第七章“犯罪的不成立及刑的减免”、第八章“未遂罪”和第十一章“共犯”之外，[①]其他各章都是关于刑的种类及其具体运用的规定，而且，关于“刑罚”种类（第二章）和刑罚执行方式（第四章“缓刑”、第五章“假释”）等的规定，处于关于犯罪的成立条件（第七章）和犯罪形态（第八章“未遂罪”、第十一章“共犯”）等的规定之前；第二编“罪”，共三十五章，规定了各种具体犯罪及其法定刑。总体而言，日本刑法典更具东方特色，属于“以刑统罪”的立法模式。

在刑法典分则的结构上，中国刑法典与日本刑法典存在以下不同：

第一，立法体例不同。日本刑法采用的是刑法典与特别刑法并立的立法体例，中国刑法早期也与日本刑法一样，采用的是刑法典与特别刑法并立的立法体例，然而，自 1997 年刑法修改之后，则采用了统一刑法典的立法体例。但是，是采用刑法典与特别刑法并立的立法体例为好，还是采用统一刑法典的立法体例为优，关于这个问题，在今天中国的刑法学界，仍然进行着激烈的争论。认为应当坚持采用统一刑法典的立法体例的学者认为，“无论是总结历史经验和教训，还是权衡各种选择之

① 但是，第七章既有关于犯罪的规定，也有关于刑罚的规定，特别是该章第 42 条关于“自首等”的规定，本来属于刑罚适用的内容。

利弊，我国目前刑法立法采取统一法典模式是最为妥当的”；[①]认为应当采用刑法典与特别刑法并立的立法体例的学者认为，为了适应国家打击和控制犯罪的需要，我国应当建立刑法典、特别刑法和刑法修正案相结合的刑法立法模式。[②]

笔者认为，鉴于特别刑法具有内容庞杂、专门性强以及应急必要性等特点，采取刑法典与特别刑法并立的立法模式更为可取，在这方面，中国刑法应当吸收日本刑法的长处。

第二，体系构造不同。中国刑法典分则采用章、节、条的形式，以犯罪的同类性质为标准，按照犯罪所侵犯法益的重要程度，对犯罪进行了体系性排列。中国《刑法》分则共分十章，第一章规定的是危害国家安全罪，第二章规定的是危害公共安全罪，第三章规定的是破坏社会主义市场经济秩序罪，第四章规定的是侵犯公民人身权利、民主权利罪，第五章规定的是侵犯财产罪，第六章规定的是妨害社会管理秩序罪，第七章规定的是危害国防利益罪，第八章规定的是贪污贿赂罪，第九章规定的是渎职罪，第十章规定的是军人违反职责罪。其中，在第三章破坏社会主义市场经济秩序罪中又设有八节，分别是生产、销售伪劣商品罪，走私罪，妨害对公司、企业的管理秩序罪，破坏金融管理秩序罪，金融诈骗罪，危害税收征管罪，侵

① 时延安:《刑法立法模式的选择及对犯罪圈扩张的控制》，载《法学杂志》2013年第4期。

② 参见柳忠卫:《刑法立法模式的刑事政策考察》，载《现代法学》2010年第3期。

犯知识产权罪，扰乱市场秩序罪；在第六章妨害社会管理秩序罪中又设有九节，分别是扰乱公共秩序罪，妨害司法罪，妨害国（边）境管理罪，妨害文物管理罪，危害公共卫生罪，破坏环境资源保护罪，走私、贩卖、运输、制造毒品罪，组织、强迫、引诱、容留、介绍卖淫罪，制作、贩卖、传播淫秽物品罪。在各章、节之下，又设有若干条，中国刑法典分则共设有387条。[①]

日本刑法典分则采用章、条的形式，对各种犯罪进行规定。日本刑法典分则共分四十章，第一章规定的是对皇室的犯罪（已删除），第二章规定的是内乱罪，第三章规定的是外患罪，第四章规定的是有关国交的犯罪，第五章规定的是妨害执行公务罪，第六章规定的是脱逃罪，第七章规定的是藏匿犯人和隐灭证据罪，第八章规定的是骚乱罪，第九章规定的是放火和失火罪，第十章规定的是有关决水和水利的犯罪，第十一章规定的是妨害交通罪，第十二章规定的是侵犯居住罪，第十三章规定的是侵犯秘密罪，第十四章规定的是鸦片烟罪，第十五章规定的是有关饮用水的犯罪，第十六章规定的是伪造货币罪，第十七章规定的是伪造文书罪，第十八章规定的是伪造有价证券罪，第十九章规定的是伪造印章罪，第二十章规定的是伪证罪，第二十一章规定的是诬告罪，第二十二章规定的是猥亵、奸淫

① 在中国《刑法》分则的387条中，第199条已删除内容，但是保留了条文编号。

和重婚罪，第二十三章规定的是赌博和彩票罪，第二十四章规定的是有关礼拜场所和坟墓的犯罪，第二十五章规定的是渎职罪，第二十六章规定的是杀人罪，第二十七章规定的是伤害罪，第二十八章规定的是过失伤害罪，第二十九章规定的是堕胎罪，第三十章规定的是遗弃罪，第三十一章规定的是逮捕和监禁罪，第三十二章规定的是胁迫罪，第三十三章规定的是略取和诱拐罪，第三十四章规定的是对名誉的犯罪，第三十五章规定的是对信用和业务的犯罪，第三十六章规定的是盗窃和强盗罪，第三十七章规定的是诈骗和恐吓罪，第三十八章规定的是侵占罪，第三十九章规定的是赃物罪，第四十章规定的是毁弃和隐匿罪。在各章之下，不设节，直接设有若干条，日本刑法典分则共设有 221 条。①

笔者认为，日本刑法典分则将猥亵、奸淫和重婚罪规定在一章之中，并不合理，因为它们在本质上是不同的，猥亵、奸淫是对被害人性自由的损害，重婚是对婚姻制度的损害；将杀人罪规定在渎职罪之后也不科学，渎职罪的法定刑明显轻于杀人罪。日本刑法典分则的构造缺乏体系性，排列顺序也未遵循

① 在日本刑法典分则的 221 条中，第 73 条、第 74 条、第 75 条、第 76 条、第 83 条、第 84 条、第 85 条、第 86 条、第 131 条、第 183 条、第 200 条 11 个条文已删除内容，但是保留了条文编号。

某种确定的标准，[①] 尽管中国刑法典分则的构造在合理性上尚有值得探讨之处，但是，中国刑法典分则试图按照统一标准进行体系安排的尝试，则是值得日本刑法典分则借鉴的。

第三，关于预备犯和未遂犯的规定不同。

中国刑法典只在总则中明确规定了预备犯和未遂犯的含义和处罚原则，分则则未对预备犯和未遂犯进行任何限制性规定，因此，在中国刑法典中，预备犯和未遂犯的处罚范围很广。

日本刑法典分则对预备犯和未遂犯进行了明确规定。关于未遂犯，日本刑法典采取了总则规定未遂犯的含义、类型和处罚原则和分则规定处罚范围相结合的立法模式。例如，日本《刑法》分则第 108 条规定了对现住建筑物等放火罪，第 109 条规定了对非现住建筑物等放火罪，而第 112 条则规定："第 108 条和第 109 条第 1 项犯罪的未遂，应当处罚"；关于预备犯，日本刑法典采取了分则规定处罚范围、法定刑和处罚原则的立法模式。例如，日本《刑法》分则第 113 条规定："以犯第 108 条和第 109 条第 1 项之罪为目的进行预备的，处二年以下惩役，但可以根据情节免除刑罚。"日本刑法典分则没有规定的预备行为和未遂行为，则不受处罚。

笔者认为，在理论上，并非所有犯罪的预备犯和未遂犯都

---

① 因此，日本刑法学者通常采用完全不同于日本刑法典分则规定顺序的刑法各论体系，如采用"针对个人法益的犯罪""针对社会法益的犯罪"和"针对国家法益的犯罪"这种说明顺序（参见高桥则夫:《刑法各论》，成文堂 2014 年版）。

具有可罚性，很多轻微犯罪的预备犯和未遂犯，特别是一些妨害婚姻和家庭的预备犯和未遂犯，都没有用刑罚加以处罚的必要。在中国的刑事司法实务中，也仅仅出现过处罚严重犯罪的预备犯和未遂犯的实例。因此，中国刑法应该向日本刑法学习，也应当采用总则规定和分则规定相结合的立法模式，明确限定预备犯和未遂犯的处罚范围。①

第四，关于具体犯罪规定的完备、详略不同。针对某些与公民生活息息相关的犯罪，日本刑法典往往作出了比中国刑法典更为完备的规定。例如，日本刑法典分则第十七章在“伪造文书罪”的章名下，详细规定了“伪造诏书等”“伪造公文书等”“制作虚伪公文书等”“公正证书原本不实记载等”“行使伪造的公文书等”“伪造私文书等”“制作虚伪诊断书等”“行使伪造的私文书等”和“不正当制作和提供电磁记录”九种具体犯罪，而中国刑法典分则却仅仅在第 280 条中规定了“伪造、变造、买卖国家机关公文、证件、印章罪”“伪造公司、企业、事业单位、人民团体印章罪”，在第 280 条之一中规定了“使用虚假身份证件、盗用身份证件罪”和在第 375 条中规定了“伪造、变造、买卖武装部队公文、证件、印章罪”，但是，对于伪造私

① 不少中国刑法学者持相同见解，梁根林教授认为：“预备犯的刑法规制应实现从普遍处罚到例外处罚、从总则规范到分则规范、从形式预备犯到实质预备犯的模式转换。”（参见梁根林：《预备犯普遍处罚原则的困境与突围——〈刑法〉第 22 条的解读与重构》，载《中国法学》2011 年第 2 期。）

文书、制作虚伪诊断书等和行使伪造的私文书等，中国刑法典分则则未规定为犯罪。

针对某些与公民基本权利相关的犯罪，中国刑法典往往作出了比日本刑法典更为全面、细致的规定。例如，中国刑法典不仅规定了强迫劳动罪（第 244 条），雇用童工从事危重劳动罪（第 244 条之一），煽动民族仇恨、民族歧视罪（第 249 条），非法剥夺公民宗教信仰自由罪（第 251 条）等日本刑法典没有规定的犯罪，而且针对侵犯公民基本权利的犯罪，中国刑法典往往比日本刑法典规定了更为细致的量刑情节。例如，关于强奸罪，日本刑法典仅仅规定了集团强奸（第 178 条之二）和强奸致死伤（第 81 条第 2 款）两种加重犯，而中国刑法典则规定了强奸情节恶劣、强奸多人、在公共场所当众强奸、二人以上轮奸和致使被害人重伤、死亡或者造成其他严重后果五种加重犯。

笔者认为，在现代社会，某些与国民生活息息相关的危害行为，如伪造私文书、制作虚伪诊断书等和行使伪造的私文书等，是完全应当作为犯罪加以处罚的，在这方面，中国刑法完全应当学习和吸收日本刑法的相关规定。但是，保障公民的基本权利是现代法治国家最重要的任务，应当尽可能细致地规定相关犯罪的成立要件和量刑情节，在这方面，中国刑法的某些规定应当受到日本刑法学者的重视。

二、刑法典分则的具体罪名

关于具体犯罪的规定，中日刑法典分则存在明显不同。

首先，针对某些具体犯罪，中日刑法设立了不同的成立要件。中日刑法典分则规定了不少相同的罪名，然而，在某些具体罪名中设立了不同的成立要件。例如，根据中国《刑法》第236条的规定，与已满十三周岁未满十四周岁的幼女发生性行为的，即使获得幼女的同意，仍然成立强奸罪；但是，根据日本《刑法》第177条的规定，与已满十三周岁未满十四周岁的幼女发生性行为的，只要获得幼女的同意，就不成立强奸罪。再如，根据日本《刑法》第139条第1款的规定，吸食鸦片烟的，处三年以下惩役，但是，根据中国《刑法》第348条的规定，少量吸食鸦片烟的，一般不构成犯罪，只有吸食鸦片烟时非法持有鸦片200克以上的，才处三年以下有期徒刑、拘役或者管制，并处罚金。[①]

其次，中日刑法典分则互相规定了一些对方没有规定的犯罪。因此，某些行为被日本刑法典分则规定为犯罪，而根据中国刑法典分则的规定，这些行为则不构成犯罪，反之亦然。例如，根据日本《刑法》第217条的规定，遗弃因年老、年幼、

---

① 参见张明楷:《刑法学（下）》，法律出版社2016年版，第1152页。

身体障碍或者疾病而需要扶助的人的，处一年以下惩罚。尽管日本刑法学者对日本《刑法》第 217 条规定的单纯遗弃罪与日本《刑法》第 218 条规定的保护责任者遗弃罪之间的复杂关系进行了深入的探讨，[①] 但是，中国刑法没有规定单纯遗弃罪，仅仅规定了保护责任者遗弃罪。[②] 再如，中国《刑法》第 262 条之二规定了组织未成年人进行违反治安管理活动罪，[③] 日本刑法典则没有规定该种犯罪。

在我看来，日本刑法典分则下述条文的规定，特别值得中国刑法典吸纳：第 93 条关于私人战斗之预备及阴谋的规定、第 94 条关于违反中立命令的规定、第 149 条关于伪造行使外国货币的规定、第 157 条关于公正证书登载不实的规定、第 159 条关于伪造私文书的规定、第 161 条关于行使伪造私文书的规定、第 165 条关于伪造及不正使用公印等的规定、第 166 条关于伪造及不正使用公符号等的规定、第 167 条关于伪造及不正使用私印等的规定、第 182 条关于淫行劝诱的规定、第 188 条

---

① 参见高桥则夫:《刑法各论》，成文堂 2014 年版，第 32 页以下。在我看来，把日本《刑法》第 217 条规定的单纯遗弃罪解释为德国《刑法》第 323 条 c 规定的不予救助罪（Unterlassene Hilfeleistung），或许更为妥当。

② 中国《刑法》第 261 条规定："对于年老、年幼、患病或者其他没有独立生活能力的人，负有扶养义务而拒绝扶养，情节恶劣的，处五年以下有期徒刑、拘役或者管制。"

③ 中国《刑法》第 262 条之二规定："组织未成年人进行盗窃、诈骗、抢夺、敲诈勒索等违反治安管理活动的，处三年以下有期徒刑或者拘役，并处罚金；情节严重的，处三年以上七年以下有期徒刑，并处罚金。"

关于对礼拜场所不敬及妨害传教的规定、第 192 条关于密葬非自愿死亡者的规定、第 197 条第 2 款关于事前收贿的规定、第 208 条关于暴行的规定、第 212 条关于堕胎的规定、第 213 条关于同意堕胎的规定、第 215 条关于不同意堕胎的规定、第 217 条关于遗弃的规定、第 222 条关于胁迫的规定、第 223 条关于强要[①]的规定、第 233 条关于毁损信用及妨害业务的规定、第 234 条关于威势妨害业务的规定、第 235 条之二关于侵夺不动产的规定、第 247 条关于背信[②]的规定、第 253 条关于业务侵占的规定、第 259 条关于毁弃私文书等的规定、第 260 条关于毁坏建筑物等及致死伤的规定。

中国刑法典分则下述条文的规定，或许值得日本刑法参考：第 120 条关于组织、领导、参加恐怖组织罪的规定，第 120 条之一关于帮助恐怖活动罪的规定，第 120 条之二关于准备实施恐怖活动罪的规定，第 120 条之三关于宣扬恐怖主义、极端主义、煽动实施恐怖活动罪的规定，第 120 条之四关于利用极端主义破坏法律实施罪的规定，第 120 条之五关于强制穿戴宣扬恐怖主义、极端主义服饰、标志罪的规定，第 120 条之六关于非法持有宣扬恐怖主义、极端主义物品罪的规定，第 310 条关

---

① 中国《刑法》第 293 条规定了以“随意殴打”“恐吓”“强拿硬要”等为内容构成的寻衅滋事罪，但是，它们都以“破坏社会秩序”为特征，与日本刑法典分则规定的暴行罪、恐吓罪、强要罪等尚有区别。

② 张明楷教授早就主张中国刑法应该像日本刑法一样，设立背信罪（参见张明楷：《关于增设背信罪的探讨》，载《中国法学》1997 年第 1 期）。

于拒绝提供间谍犯罪、恐怖主义犯罪、极端主义犯罪证据罪的规定，第 294 条第 1 款关于组织、领导、参加黑社会性质组织罪的规定，第 294 条第 2 款关于入境发展黑社会组织罪的规定，第 294 条第 3 款关于包庇、纵容黑社会性质组织罪的规定，第 126 条关于违规制造、销售枪支罪的规定，第 127 条第 1 款关于盗窃、抢夺枪支、弹药、爆炸物、危险物质罪的规定，第 127 条第 2 款关于抢劫枪支、弹药、爆炸物、危险物质罪的规定，第 128 条第 1 款关于非法持有、私藏枪支、弹药罪的规定，第 128 条第 2 款关于非法出租、出借枪支罪的规定，第 129 条关于丢失枪支不报罪的规定，第 130 条关于非法携带枪支、弹药、管制刀具、危险物品危及公共安全罪的规定，第 163 条关于非国家工作人员受贿罪的规定，第 164 条第 2 款关于对外国公职人员、国际公共组织官员行贿罪的规定，第 388 条之一关于利用影响力受贿罪的规定，第 390 条之一关于对有影响力的人行贿罪的规定，第 177 条之一第 2 款关于窃取、收买、非法提供信用卡信息罪的规定，第 253 条之一关于侵犯公民个人信息罪的规定。

三、刑法典分则的法定刑

仅仅针对为数不多的犯罪，中日两国刑法典设立了相同的法定刑，例如，日本《刑法》第 184 条和中国《刑法》第 258

条都规定重婚罪的法定刑为二年以下自由刑。但是，针对很多犯罪，中日两国刑法典设立的法定刑都是中轻日重，或者中重日轻的。

大体而言，针对财产犯罪，日本刑法典规定的法定刑比中国刑法典规定的法定刑要重。例如，日本《刑法》第236条规定普通强盗罪的法定刑为“五年以上惩役”，但是，中国《刑法》第263条规定普通抢劫罪的法定刑为“三年以上十年以下有期徒刑，并处罚金”。再如，日本《刑法》第252条规定侵占罪的法定刑为“五年以下惩役”，但是，中国《刑法》第270条规定侵占罪的法定刑为“二年以下有期徒刑、拘役或者罚金；数额巨大或者有其他严重情节的，处二年以上五年以下有期徒刑，并处罚金”。

一般而言，针对妨害社会管理秩序的犯罪和贿赂犯罪，中国刑法典规定的法定刑比日本刑法典规定的法定刑要重。例如，日本《刑法》第97条规定普通脱逃罪的法定刑为“一年以下惩役”，第98条规定加重脱逃罪的法定刑为“三个月以上五年以下惩役”，但是，中国《刑法》第316条第1款规定普通脱逃罪的法定刑为“五年以下有期徒刑或者拘役”，针对相当于日本刑法典规定的加重脱逃罪，中国《刑法》第316条第2款规定的法定刑为“三年以上七年以下有期徒刑”；再如，日本《刑法》第198条规定行贿罪的法定刑为“三年以下惩役或者二百五十万日元以下罚金”，但是，中国《刑法》第390条规定行贿罪的法定刑为“五年以下有期徒刑或者拘役，并处罚金；因行贿谋取不正当利益，情节严重的，或者使国家利益遭受重大损失的，处五年以上十年以下有期徒刑，并处罚金；情节特别严重的，或者使国家利益遭受特别重大损失的，处十年以上有期徒刑或者无期徒刑，并处罚金或者没收财产”。

针对过失犯罪，日本刑法典规定的法定刑明显轻于中国刑法典规定的法定刑。例如，日本《刑法》第209条规定过失伤害罪的法定刑为“三十万日元以下罚金或者科料”，第210条规定过失致死罪的法定刑为“五十万日元以下罚金”，只有业务过失或者重大过失致死伤的，才处五年以下惩役或者禁锢或者一百万日元以下罚金，但是，中国《刑法》第235条规定过失致人重伤罪的法定刑为“三年以下有期徒刑或者拘役”，第233条规定过失致人死亡罪的法定刑为“三年以上七年以下有期徒刑；情节较轻的，处三年以下有期徒刑”。

关于死刑，中国刑法典规定的死刑罪名比日本刑法典规定的死刑罪名多出数倍。

日本刑法典规定有如下10个死刑罪名：内乱罪（第77条），诱致外患罪（第81条），放火烧毁现住建筑物等罪（第108条），引破爆炸物罪（第117条），决水浸害现住建筑物罪（第119条），火车等翻覆致死罪（第126条），混入毒物于水道致死罪（第146条），杀人罪（第199条），强盗致死伤罪（第240条），强盗强奸及致死罪（第241条）；中国刑法典规定有如下46个死刑罪名：背叛国家罪（第102条），分裂国家罪（第103条第1款），武装叛乱、暴乱罪（第104条），投敌叛变罪（第108条），间谍罪（第110条），为境外窃取、刺探、收买、非法提供国家秘密、情报罪（第111条），资敌罪（第112条），放火罪、决水罪、爆炸罪、投放危险物质罪、以危险方法危害公共安全罪（第115条），破坏交通工具罪、破坏交通设施罪、破坏电力设备罪、破坏易燃易爆设备罪（第119条第1款），劫持航空器罪（第121条），非法制造、买卖、运输、邮寄、储存枪支、弹药、爆炸物罪（第125条第1款），非法制造、买卖、运输、储存危险物质罪（第125条第2款），盗窃、抢夺枪支、弹药、爆炸物、危险物质罪（第127条第1款），抢劫枪支、弹药、爆炸物、危险物质罪（第127条第2款），生产、销售假药罪（第141条），生产、销售有毒、有害食品罪（第144条），故意杀人罪（第232条），故意伤害罪（第234条第2款），强奸罪（第234条第3款），绑架罪（第239条第2款），拐卖妇女、儿童罪（第240条第1款），抢劫罪（第263条），暴动越狱罪、聚众持械劫狱罪（第317条第2款），走私、贩卖、运输、制造毒品罪（第347条第2款），破坏武器装备、军事设施、军事通信罪（第369条第1款），故意提供不合格武器装备、军事设施罪（第370条第1款），贪污罪（第383条第1款第3项），受贿罪（第386条），战时违抗命令罪（第421条），隐瞒、谎报军情罪、拒传、假传军令罪（第422条），投降罪（第 423 条第 2 款），战时临阵脱逃罪（第 424 条），军人叛逃罪（第 430 条第 2 款），为境外窃取、刺探、收买、非法提供军事秘密罪（第 431 条第 2 款），盗窃、抢夺武器装备、军用物资罪（第 438 条第 1 款），非法出卖、转让武器装备罪（第 439 条），战时残害居民、掠夺居民财物罪（第 446 条）。

四、刑事政策考量

中日两国刑法典分则都设立了一些刑事政策性规定，在我看来，对这些刑事政策性规定的正当性加以说明，并阐明它在刑法科学中的体系地位，是中日两国刑法学者面临的重要课题。以下从三个方面阐述中日两国刑法典分则中的刑事政策性规定。

（一）关于犯罪成立的刑事政策性规定

关于犯罪成立与否，中日两国刑法典分则中的下述刑事政策性规定，特别值得关注：

1. 关于亲告罪的规定

亲告罪的设立，从程序上赋予被害人一方决定犯罪成立与否的权利。中日两国刑法典分则都规定了亲告罪，但是，日本刑法典分则规定的亲告罪的范围，明显比中国刑法典分则规定的亲告罪的范围宽广得多。

根据日本《刑法》分则第 135 条的规定，开拆书信罪、律师等泄密罪，是亲告罪；根据日本《刑法》分则第 180 条的规定，强制猥亵罪、强奸罪、准强制猥亵罪、准强奸罪，是亲告罪；根据日本《刑法》分则第 209 条的规定，过失伤害罪是亲告罪；根据日本《刑法》分则第 229 条的规定，非营利或者非以对生命、身体的加害为目的的略取和诱拐未成年人罪、略取和诱拐罪、移交被略取者等罪，是亲告罪；[①] 根据日本《刑法》分则第 34 章的规定，毁损名誉罪、侮辱罪，是亲告罪；根据日本《刑法》分则第 229 条的规定，毁弃私文书等罪、毁损器物等罪、隐匿书信罪，是亲告罪。

中国刑法典分则规定的亲告罪只有五种，即第 246 条第 2 款规定的侮辱罪、诽谤罪，第 257 条第 3 款规定的暴力干涉婚姻自由罪，第 260 条第 3 款规定的虐待罪，第 270 条第 3 款规定的侵占罪。[②]

---

① 日本《刑法》分则第 229 条还规定："但被略取、被诱拐或者被买卖的人已与犯罪人结婚的，在宣告婚姻无效或者取销婚姻的判决确定后，才发生告诉的效力。"

② 根据中国《刑事诉讼法》第 204 条的规定，告诉才处理的案件属于自诉案件，而自诉案件的范围比告诉才处理的案件的范围要宽广，自诉案件包括告诉才处理的案件、被害人有证据证明的可能判处三年有期徒刑以下刑罚的轻微刑事案件（通常是故意轻伤案、重婚案、遗弃案、妨害通信自由案以及非法侵入他人住宅案等）以及被害人有证据证明对被告人侵犯自己人身、财产权利的行为应当依法追究刑事责任，而公安机关或者人民检察院不予追究被告人刑事责任的案件。但是，把告诉才处理的案件归属于自诉案件的范围之中，可能并不妥当，亲告罪或者告诉才处理的犯罪，本来是指只有经告诉才能提起公诉的犯罪（参见日本《刑法》第 135 条的规定），也就是说，告诉才处理的案件本来也是公诉案件，只是

（转下页）

在中国刑法学界，一直以来，都有不少学者主张，为了尊重人权，降低司法成本，中国刑法应该向日本刑法学习，适当扩大亲告罪的范围。①

2. 关于事后抵补行为的规定

根据中国刑法的规定，在某些犯罪中，如果行为人在犯罪之后的有效限期内实施了抵偿、弥补其犯罪效果的行为，那么，其已经实施的犯罪行为就不再追究。例如，中国《刑法》第 201 条第 1 款规定了逃税罪，但是，该条第 4 款又规定："有第一款行为，经税务机关依法下达追缴通知后，补缴应纳税款，缴纳滞纳金，已受行政处罚的，不予追究刑事责任；但是，五年内因逃避缴纳税款受过刑事处罚或者被税务机关给予二次以上行政处罚的除外。"

（接上页）

需要有权者的告诉才能提起公诉而已，告诉才处理的案件也可能是被害人自己没有证据加以证明的案件，它在性质上完全不同于被害人有证据证明的轻微刑事案件和被害人有证据证明对被告人侵犯自己人身、财产权利的行为应当依法追究刑事责任，而公安机关或者人民检察院不予追究被告人刑事责任的案件。如果告诉才处理的案件都是被害人自己有证据加以证明的案件，那么，由于中国刑法规定的告诉才处理的案件本来就是轻微刑事案件，所以，就属于中国《刑事诉讼法》第 204 条第 2 项规定的情形，从而就不存在在该条第 1 项中规定"告诉才处理的案件"的必要性了。

① 参见齐文远:《"亲告罪"的立法价值初探——论修改刑法时应适当扩大"亲告罪"适用范围》，载《法学研究》1997 年第 1 期；熊永明:《亲告罪的谦抑价值之解读——兼论"亲告罪"范围的扩大》，载《中国刑事法杂志》2005 年第 1 期；冯军:《刑法问题的规范理解》，北京大学出版社 2009 年版，第 120 页。

在中国的刑事司法中，也极其重视事后抵补行为的刑法意义。例如，2007 年 7 月 8 日中国最高人民法院、最高人民检察院联合发布的《关于办理受贿刑事案件适用法律若干问题的意见》第 9 条规定:“国家工作人员收受请托人财物后及时退还或者上交的，不是受贿。国家工作人员受贿后，因自身或者与其受贿有关联的人、事被查处，为掩饰犯罪而退还或者上交的，不影响认定受贿罪。”①

3. 关于事后立功行为的规定

在一些特别情形中，如果行为人在犯罪之后实施了立功行为，那么，根据中国刑法的规定，就可以撤销原判刑罚，已经实施的犯罪就不再以犯罪论处。例如，中国《刑法》第 449 条规定:“在战时，对被判处三年以下有期徒刑没有现实危险宣告缓刑的犯罪军人，允许其戴罪立功，确有立功表现时，可以撤销原判刑罚，不以犯罪论处。”

① 在中国，也有学者认为，国家工作人员在客观上利用职务上的便利收受了他人财物，且符合“为他人谋取利益”要件的行为，只要主观上具有受贿故意，就一定成立受贿罪的既遂。既然是受贿罪的既遂，就不可能以特别理由说该行为“不是受贿”，只有不存在受贿故意的“及时退还或者上交”，才不成立受贿罪（参见张明楷:《刑法学（下）》，法律出版社 2016 年版，第 1217 页）。但是，这种看法并不符合上述规定。从上述规定的前后文脉来理解，即使具有受贿故意，只要收受请托人财物后及时退还或者上交了，而不是为掩饰犯罪才退还或者上交的，就不是受贿。并且，即使形式上已经是受贿罪的既遂，也完全可能实质地以刑事政策上的特别理由（例如，行为人通过自己及时退还或者上交所收受财物的行为，使自己变得忠诚于“不得受贿”的法规范了）说该行为“不是受贿”。应当将刑事政策融入刑法教义学之中，而不是拒刑事政策于刑法教义学之外。

(二)关于量刑轻重的刑事政策性规定

关于量刑轻重，中日两国刑法典分则都设置了一些极其富有价值的条款。

1. 关于亲属犯罪的特别规定

日本刑法典分则关于亲属犯罪的特别规定，一向得到中国刑法学者的注目。

例如，日本《刑法》第 105 条规定："犯人或者脱逃人的亲属，为了犯人或者脱逃人的利益而犯前两条之罪[①]的，可以免除刑罚"；第 244 条规定："配偶、直系血亲或者同居的亲属之间犯第 235 条之罪、第 235 条之 2 之罪或者这些罪的未遂罪[②]的，免除刑罚"；第 257 条规定："配偶之间或者直系血亲、同居的亲属或者这些人的配偶之间犯前条罪[③]的，免除刑罚。"

虽然中国刑法典分则没有设立关于亲属犯罪的特别规定，但是，近年来，中国的刑事司法实践开始改变，采取了类似日本刑法典分则关于亲属犯罪的特别规定的做法。例如，2013 年 4 月 4 日开始施行的《最高人民法院、最高人民检察院关于办理盗窃刑事案件适用法律若干问题的解释》第 8 条规定："偷拿家庭成员或者近亲属的财物，获得谅解的，一般可以不认为是犯

---

① 指"藏匿犯人等"和"隐灭证据等"。

② 指"盗窃"和"侵夺不动产"及其未遂罪。

③ 指"收受赃物等"。

罪；追究刑事责任的，应当酌情从宽。”再如，2011 年 4 月 8 日开始施行的《最高人民法院、最高人民检察院关于办理诈骗刑事案件具体应用法律若干问题的解释》第 4 条规定：“诈骗近亲属的财物，近亲属谅解的，一般可不按犯罪处理。诈骗近亲属的财物，确有追究刑事责任必要的，具体处理也应酌情从宽。”又如，根据 2015 年 6 月 1 日开始施行的《最高人民法院关于审理掩饰、隐瞒犯罪所得、犯罪所得收益刑事案件适用法律若干问题的解释》第 2 条的规定，为近亲属掩饰、隐瞒犯罪所得及其产生的收益，认罪、悔罪并退赃、退赔，且系初犯、偶犯的，可以认定为犯罪情节轻微，免予刑事处罚。

2. 关于自首、坦白的特别规定

中日两国刑法典分则都设有关于自首或者坦白的特别规定。

例如，日本《刑法》第 80 条规定：“犯前两条之罪①，但在实行暴动前自首的，免除刑罚”；第 93 条规定：“以私自对外国作战为目的进行预备或者阴谋的，处三个月以上五年以下监禁，但自首的，免除刑罚”；第 170 条规定：“犯前条之罪②的人，在其提供证言的案件判决确定前或者实行惩戒处分前自行坦白的，可以减轻或者免除刑罚”；第 173 条规定：“犯前条之罪③的人，在其申告的案件判决确定前或者实行惩戒处分前自行坦白的，

---

① 指“内乱的预备和阴谋”和“帮助内乱等”。

② 指“伪证”。

③ 指“虚伪告诉等”。

可以减轻或者免除刑罚。”

再如，中国《刑法》第164条第4款规定：“行贿人在被追诉前主动交待行贿行为的，可以减轻处罚或者免除处罚。”此外，中国的特别法也很重视特别自首，赋予其不同于刑法典规定的特别意义。例如，2014年11月1日全国人大常委会通过的《反间谍法》第28条规定：“在境外受胁迫或者受诱骗参加敌对组织、间谍组织，从事危害中华人民共和国国家安全的活动，及时向中华人民共和国驻外机构如实说明情况，或者入境后直接或者通过所在单位及时向国家安全机关、公安机关如实说明情况，并有悔改表现的，可以不予追究。”

3. 关于事后行为的特别规定

事后行为不仅可能影响犯罪的成立，也可能影响量刑的轻重。基于刑事政策的考量，中日两国刑法典分则都设立了一些关于事后行为的特别规定。

例如，日本《刑法》第228条之二规定：“犯第225条之二、第227条第二项或者第四项之罪①的人，在提起公诉前，将被略取或者被诱拐的解放至安全场所的，减轻刑罚。”

再如，中国《刑法》第241条第6款规定：“收买被拐卖的妇女、儿童，对被买儿童没有虐待行为，不阻碍对其进行解救

---

① 指“勒索赎金目的的略取等”、以帮助犯勒索赎金目的的略取等罪为目的的“移交被略取者等”和“收受被略取者等”。

的，可以从轻处罚；按照被买妇女的意愿，不阻碍其返回原居住地的，可以从轻或者减轻处罚”；第276条之一第3款规定：“有前两款行为①，尚未造成严重后果，在提起公诉前支付劳动者的劳动报酬，并依法承担相应赔偿责任的，可以减轻或者免除处罚”；第383条第3款规定：“犯第一款罪②，在提起公诉前如实供述自己罪行、真诚悔罪、积极退赃，避免、减少损害结果的发生，有第一项规定情形③的，可以从轻、减轻或者免除处罚；有第二项④、第三项规定情形⑤的，可以从轻处罚。”

（三）关于司法认定的刑事政策性规定

针对刑事司法实践中特别难以认定的问题，中日两国刑法典分则都设立了一些刑事政策性规定。

例如，日本《刑法》第206条规定：在实行伤害或者伤害致死犯罪之际，在场助势而未下手伤害者，处一年以下惩役或者十万日元以下罚金或者科料；第207条规定：“二人以上实施暴行伤害他人的，在不能辨别各人暴行所造成的伤害的轻重或者不能辨认何人造成了伤害时，即使不是共同实行的，也依照共犯的规定处断。”

---

① 指“拒不支付劳动报酬”。

② 指“贪污罪”。

③ 指“贪污数额较大或者有其他较重情节”。

④ 指“贪污数额巨大或者有其他严重情节”。

⑤ 指“贪污数额特别巨大或者有其他特别严重情节”。

再如，中国《刑法》第 267 条第 2 款规定：“携带凶器抢夺的，依照本法第二百六十三条的规定[①]定罪处罚。”

虽然关于上述规定是否都属于拟制规定可能会有争论，但是，上述规定对统一解决刑事司法实践的认定困难，无疑具有助益，在这些不同规定中，可以看出中日刑法典面向实务的共同价值追求。

结语

中日两国具有法律文化交流的悠久传统，尽管由于政治制度、社会环境等因素的影响，中日两国刑法典在分则的规定上存在很大差异，但是，正如上文所揭示的，特别是在上文标题四中“刑事政策考量”部分所表明的，中日两国刑法典分则在差异性规定中存在某些根本观念上的一致，这些一致的根本观念很可能与同为东亚人的思维方式相关。对体现在两国刑法典中的东亚人的根本观念和思维方式进行深入探讨，揭示其合理性（或者不合理性），阐明其对两国刑事司法实践的意义（或者无意义），或许是中日两国刑法学者在今后的共同研究中应当充分重视的课题。

① 指关于抢劫罪的规定。

王利明等在“中国刑法的国际视野”学术研讨会上的发言

时间：2016 年 11 月 27 上午

地点：中国人民大学明德法学楼 601 国际会议室

主持人：刘明祥　中国人民大学法学院教授

刘明祥：尊敬的高铭暄教授、各位领导、各位来宾，老师们、同学们，大家上午好！

前几天，我们敬爱的高铭暄老师在著名的日本早稻田大学荣获名誉博士学位称号，今天我们在这里隆重聚会，庆祝高铭暄老师获此殊荣，同时祝贺高铭暄老师学术之树常青。

本来，按照会议议程我应该要介绍一下出席会议的领导和来宾，但是考虑到在座的各位领导和来宾都很熟悉，这里就不再介绍了，直接进入开幕式。

首先请中国人民大学常务副校长王利明教授致辞。

"中国刑法的国际视野"学术研讨会
暨高铭暄先生获早稻田大学名誉博士学位庆祝会
中国人民大学法学院

王利明：尊敬的高老师，尊敬的各位来宾、各位老师，大家上午好！

首先，我要代表学校热烈祝贺高老师获得早稻田大学名誉博士学位，我们听到这个消息后非常高兴。我觉得高老师获得这个荣誉，不仅仅是刑法学界的光荣，而且是整个法学界的荣耀，更是中国人民大学法学院、中国人民大学的荣耀，所以衷心祝贺高老师获得名誉博士学位称号。

我记得上个月去高老师家看望高老师的时候，高老师说刚刚从日本回来，获得这个称号，当时我就建议如果有可能我们应该好好地庆贺一下。今天召开这个会议，我觉得也是非常必要的。

我觉得高老师获得这样一项荣誉是对他几十年在中国法学事业、中国法学教育、立法、司法等方方面面所作出的巨大贡献的充分肯定；是对高老师几十年来在人大法学院潜心治学、教书育人作出的重要贡献的充分肯定。

我记得高老师是1951年就到中国人民大学读书了，1953年起在中国人民大学工作，现在已经63年了。应该说，高老师和中国人民大学法学院这个名字是分不开的。几十年来，高老师为中国人民大学法学院事业的发展，确实作出了重大贡献，培养了一代又一代优秀的学者。像今天在座的姜伟、陈兴良等人还有很多，今天在座的我就不一一说了，都是实务界、学界的杰出代表。高老师也是老系主任、法学院的老领导，我记得当年留校的时候要不是高老师坚持把我留下来，说不定就留不下来了（被社科院给争走了），当时高老师要求坚决把我留下来，解决我的生活、住房困难，我当时非常地感激。所以说，他对中国人民大学法学院的确是感情非常深厚。

我还记得非常清楚，高老师当系主任的时候条件非常艰苦，高老师从早到晚，晚上很晚都在办公室，我记得就一张办公桌，每天很晚才离开。这些年，我们很多事情都是找到高老师，不管是院里的还是学校的，高老师都全力支持。所以，我要借这个机会对高老师表示衷心的感谢。

高老师确实也是我自己治学为人的榜样和楷模，从高老师身上我学到很多：怎么教书育人，怎么当好一个老师，怎么做好一个学者，我觉得从高老师身上学到很多治学为人的点点滴滴、方方面面，所以我从内心非常地感激高老师。所以借这个机会，不仅是感谢，也要进一步继续向高老师学习。

同时，借这个祝贺之际，也衷心祝愿高老师健康长寿。我想高老师的身体不要说活 100 岁，我看活 150 岁也没问题。身体这么好，祝愿高老师的学术之树常青。再次感谢各位，谢谢。谢谢大家！

刘明祥：谢谢王校长。下面有请中国人民大学刑事法律科学研究中心主任戴玉忠教授致辞。

戴玉忠：尊敬的高铭暄教授，尊敬的各位来宾，各位领导、各位专家学者、各位老师、同学，大家上午好！

今天，中国人民大学刑事法律科学研究中心和北京师范大学刑事法律科学院在这里共同举办“中国刑法的国际视野学术研讨会暨高铭暄老师荣获早稻田大学名誉博士学位庆祝会”，首先我代表中国人民大学刑事法律科学研究中心的全体师生对高老师表示最热烈的祝贺。

大家都知道，高老师是中国最著名的法学家之一，也应该说是新中国成立以后我们党和国家培养的第一代法学家。高老师六十多年如一日，长期从事刑法理论研究，应该说对中国刑法理论建设、刑法理论发展作出了重要贡献。高老师长期以来，

特别关心我们国家刑法制度建设，应该说为我们国家刑法制度的建设也作出了卓越贡献。

比如说，在新中国第一部刑法典——1979年《刑法》起草过程中，高老师一直参与其中。在其后全国人大常委会所做的二十几个修改决定、补充规定的立法过程当中，高老师经常参加论证、发表意见。

特别值得一提的是，1997年修订《刑法》时的论证工作，高老师在其中发挥了重要作用。我印象特别深的是，1995年《刑法》3月交付八届五次人大代表会议审议之前，全国人大常委会在北京京都黄河大酒店开了15天的论证会，这是我在中央国家机关到中国人民大学以来，参加立法论证会时间最长的一次。全国人大常委会组织的，当时的副委员会、政治局候补委员王汉斌亲自主持会议。最后一天，我印象特别深刻的是大会发言，高老师是那天上午第一个发言的，我是那天下午第一个发言的，但是下午的气氛就差多了。上午是王汉斌副委员长亲自在场，高老师第一个发言。而且高老师讲到关键处，王汉斌副委员长还插话，讲到死刑的立法问题。高老师在我们国家刑法立法工作当中作出了突出贡献，应该说为我们国家刑法制度的发展完善发挥了重要作用。

高老师还在长期的刑事司法实践当中，非常关心刑法的适用工作。包括最高法院、最高检察院的司法解释起草工作，最高两院重大疑难案件的认定、适用法律工作，高老师都经常参加论证。姜伟秘书长是不是还记得，1998 年，我印象最深的一次是最高两院联合召开一起重大疑难案件论证会，那天请了 5 位著名刑法专家，高老师是第一个发言的。到现在那个场面我还历历在目，因为那个会是我具体操办的。高老师这么多年对我们国家的刑事司法工作作出了重大贡献。

高老师长期从事教学工作，教书育人，培养了一大批优秀的法律人才，可以说高老师的学生遍天下，并且都很有作为，顶尖的专家，如果我们要数，好半天才可以数完。而且很多学生都有很高的地位，在国家的法治建设中发挥着重要作用。

高老师在长期工作当中，对中国人民大学刑法学科的建设，包括对刑事法律科学研究中心的建设作出了重大贡献。其中也包括对我来中国人民大学刑事法律科学研究中心工作这 11 年来非常地关心、支持，并给予了我很大帮助。

所以，在此，我再一次代表中国人民大学刑事法律科学研究中心的全体师生向高老师表示感谢，向高老师表示祝贺，祝高老师学术常青，健康长寿。谢谢大家！

刘明祥：谢谢戴玉忠主任。下面有请中国刑法学研究会会长、北京师范大学刑事法律科学研究院院长赵秉志教授致辞。

赵秉志：尊敬的高铭暄先生，各位专家学者，同人朋友，大家上午好！我发言的题目是《大师风范，国际盛誉》，为了节约时间，我就准备了一个稿子，按照稿子来宣读一下。

今天我们欢聚一堂，庆祝我国老一辈法学家的杰出代表，我们敬爱的恩师高铭暄先生荣获日本早稻田大学名誉法学博士学位，我们感到无上荣光，我们充满喜悦之情。首先，请允许我代表这次会议主办单位之一——北京师范大学刑事法律科学研究院，以及会议的两个协办单位——中国刑法学研究会和国际刑法学协会中国分会向高铭暄先生表示最热烈的祝贺，并向早稻田大学致以由衷的赞赏和诚挚的谢意。

早稻田大学创建于1882年，历史悠久、蜚声内外，是当今日本乃至全球的名校，也是长期致力于中日友好文化交往的名校。早稻田大学的名誉博士学位，包括名誉法学博士学位和名

誉理学博士学位，入选标准非常严格，在其迄今 134 年的历史中总共仅授予了名誉博士学位 137 人，其中中国人只有 21 位，包括中国大陆、香港、台湾以及在海外的华人。21 位中国人中被授予名誉法学博士学位的有 10 人，授予名誉理学博士学位的有 11 人。从其得主情况来看，可以说分量很重，主要是授予在国际上负有盛名、有杰出成就的政治家、社会活动家和学术大师。

高铭暄先生此次荣获早稻田大学所颁发的名誉法学博士学位，这项殊荣是对他在中国刑法学教学研究、中国刑事法治发展进步以及中国刑法学走向世界各方面所作出的巨大贡献和杰出成就的充分肯定。从一定意义上也可以说是饱含着日本法学界对中国老一辈法学家和中国刑法学界的赞扬与致敬。因此，我们要向敬爱的高老师表示敬意和感谢。

我们注意到早稻田大学在授予高铭暄先生名誉法学博士学位的表彰词中，引人瞩目地提到了高铭暄先生于 2015 年被国际社会防卫学会授予有着全球刑事法领域诺贝尔奖之盛誉的切撒雷·贝卡里亚奖一事，他们认为这是高铭暄先生杰出的学术研究和学术活动在世界上获得高度评价的见证。我们认为这种见解深有眼光，而且我们也亲历了那历史性的一幕，因此在这里我愿意就此略加阐述，与大家分享。

2015 年 4 月，第 13 届联合国预防犯罪与刑事司法大会在卡塔尔首都多哈召开期间，4 月 15 日我和我的同事卢建平教授、王秀梅教授、周振杰教授作为出席那次大会的中国刑法学界的代表和高铭暄先生的学生，应邀出席和见证了国际社会防卫学会授予高铭暄老师贝卡里亚奖的典礼。全球四大刑事法学术团体中的三个团体，也就是国际社会防卫学会、国际刑法学协会、国际犯罪学会的三位主席同时莅临。高铭暄先生曾担任副主席的国际刑法学学会先后三任主席同时到场，在国际社会防卫学会主席萨博特洛教授和国际犯罪学会主席维亚诺教授共同为高铭暄先生颁发获奖证书和奖牌后，高老师用英语发表了精彩的获奖感言。我也应邀代表中国刑法学界发表了题为《实至名归的国际荣誉》的贺辞，参加这次大会的各国刑事法专家学者六十多人自发到场见证和祝贺，可以说气氛热烈，盛况空前。

2015 年 4 月 20 中国刑法学者代表团回国时，北师大校领导专程到首都机场恭迎载誉归来的特聘教授高铭暄先生。次日（4 月 21 日），我们在北京召开了“走向世界的中国刑法学视野暨祝贺高铭暄先生荣获贝卡里亚奖学术座谈会”，最高人民法院副院长李少平、最高人民检察院原副检察长朱孝青、中国法学会副会长张文显等领导同志和六十多位专家学者莅临祝贺。

大家从国际社会防卫学会主席萨博特洛教授在颁奖典礼上所发表的热情洋溢的颁奖词中获悉，国际社会防卫学会之所以将这项国际大奖授予高铭暄先生，他们认为原因有三点：

一是基于高铭暄先生对中国刑法科学、刑事法治和人道主义刑事政策发展进步的毕生贡献和巨大成就，他退休十年以后仍然作为北师大刑科院的特聘教授，孜孜不倦地忘我工作，活跃在国内外法学舞台上，著述丰硕而且很有分量。

二是认为大师之所以为大师，不仅在于其著述，还在于其培育团队和学派的力量，他们认为这就是高铭暄先生的写照，他培养造就了一大批知名学者，他们已成为国内外法学界的栋梁之材。

三是由于他努力引导中国刑法学界走向国际，中国刑法学者加入了国际刑法学协会等国际学术团体，他所在的北京师范大学刑事法律科学研究院得到了认可，并成为其成员机构。当时大家一致认为，国际犯罪学会的上述评价，国际防卫学会的上述评价，很有见地，恰如其分，这就是我们的恩师高铭暄先生的主要贡献和成就所在。

我们想这也应当是早稻田大学看重高老师所获得的这项贝卡里亚奖，并且决定授予高老师名誉法学博士学位的主要原因所在。高铭暄先生是新中国培养的第一代法学家，是我国刑法学的主要奠基人、开拓者和学术泰斗，也是著名的法学教育家。

他在大学阶段曾先后就读于浙江大学、北京大学和中国人民大学三所名校，1953 年在中国人民大学研究生毕业后留校任教，长达半个多世纪。晚近十余年，担任北京师范大学京师首席学者和北师大刑科院法学院的特聘教授。由于历史条件的限制，高老师在求学阶段没有能够攻读博士学位，但他是 1984 年 1 月经国务院学位委员会批准的我国刑法学专业的第一位博士生导师，三十多年来，他在中国人民大学和北京师范大学招收培养了近70位刑法学博士。

目前，他仍然在北师大刑事法律科学研究院招收培养博士生，他有时会说到当了三十多年的博导，培养了一大批法学博士，而自己还没有博士学位，这多少有些遗憾。现在他老人家的这个遗憾得以弥补，高老师以年近九旬的高龄获得外国名校的名誉法学博士学位，创造了我们法学界一项奇迹纪录。我们衷心祝贺恩师高博士。

高铭暄先生数十年以工作为重，为刑法学事业贡献毕生，除先后两个工作单位——中国人民大学和北京师范大学刑事法律科学研究院，是他事业追求的主要平台外，他也曾在中国刑法学研究会和国际刑法学协会中国分会长期担任会长、主席职务，而且到今天仍然活跃在其中的重要学术舞台。因而，这次庆贺会由高老师先后工作的两个单位——中国人民大学刑事法律科学研究中心和北师大刑科院共同主办，并由高老曾长期领导的两个全国性刑法学术团体——中国刑法学研究会和国际刑法学协会中国分会共同协办，从而成为一次全国刑法学界的盛会，可以说是非常必要、非常恰当，很有意义。

老一辈法学家是我们学术事业的宝贵财富。高老师不仅属于他的两个工作单位，也属于全国刑法学界乃至整个法学界，我们团队、我们刑法学界多年来一直在倡导尊师爱师的风尚，我们希望这一风尚能够不断发扬光大。我们希望刑法学界能够维护和发展团结、和谐、共同进步的局面，如此，我们才能在国际刑法学界展现出中国刑法学界的胸襟和风貌，赢得尊重与学术友谊。

我们衷心感谢京内外各位专家学者和同人朋友们对这次活动的积极参与，尤其还要感谢这次会议的东道主，我的母校——中国人民大学法学院和会议另一主办单位中国人民大学刑事法律科学研究中心及师生们对这次活动的认真筹备与辛勤付出。谢谢你们。

最后，再次热烈祝贺高铭暄先生喜获名誉法学博士学位，祝愿恩师健康、愉快、长寿，学术之树常青！

致辞完之后我还有两点小小的补充：第一，我刚才接到高老师和王老师共同指导的一位法学博士、我们最高法院的一位大法官——胡云腾大法官给我发来信息，让我一定在会议上当面向高老师表达祝贺之意，他在单位加班不能亲自前来祝贺。第二，我想让大家了解一下，国际社会防卫学会致辞最后一段非常有意思的两句话：最后作为对他学术评价的补充，我们必须强调，高教授还是一位出色的京剧艺术家，那也是极富挑战性的领域。高铭暄教授同样应当单独获得一项大奖。

刘明祥：谢谢。下面请最高人民法院副院长姜伟大法官致辞。

姜伟：尊敬的高铭暄教授，各位来宾、女士们、先生们，大家上午好！

今天是北京难得的一个好天气，也证明北京作为首都是一个尊师重教的城市。在蓝天如雪的冬日，法学院温暖如春，大家聚集一堂，举办“中国刑法的国际视野学术研讨会暨高铭暄教授荣获早稻田大学名誉博士学位称号庆祝会”，这是高铭暄先生的个人殊荣，也是法学界的一件盛事，借此机会我向庆典表示祝贺，向高铭暄教授致以崇高的敬意和良好的祝愿。

先生是新中国刑法学科的奠基人，是我们党培养的第一代法学家，是我国法学界德高望重的学术大家。先生既是传导授业解惑的师者，桃李芬芳，春色满园；又是立德立言的学者，

著作等身，硕果累累。先生的学术思想不仅对构建中国的刑法科学体系作出卓越贡献，在国际刑法学界也享有很高的声望。先生不仅深受学生的爱戴，在学术同行中也赢得了有口皆碑的声誉，深受大家的尊重。先生勤奋工作，为人师表，乐于奉献，甘为人梯的烛光精神和春蚕品质，矗立了一座师德人格的丰碑，令人感佩，受人敬仰。

我是高老师的学生，我的本科学位论文、硕士学位论文、博士学位论文都是高老师亲自指导（邱兴隆插话：而且只有你是免试的）。刚才利明讲到其留校是高老师力主，我留校也是高老师力主。因为我当年硕士期间是现役军人，当时高老师是法律系主任，高老师问我“你忙什么呢”，我说“在跟总政联系毕业分配呢，可能要回部队”，高老师说“你就留校吧”，我说“留校也行”。所以，我就回部队去联系了。我当时硕士还没毕业，就把关系先留校了。现在看我的简历是1月转业到中国人民大学法律系，但是当时还没毕业。后来，高老师又对我说“你读博士吧”，我说“考试来不及准备了，没复习”，高老师说“你就别考了”，所以我就这样免试读了博士。以后谁要是来不及准备考试，就赶快跟法学院院长说吧，院长都会体谅的。所以，我一直以作为高老师的学生为荣。

刚才秉志介绍了高老师的整个业绩，我觉得先生也是中国刑事法学开展国际交流的开拓者，早在20世纪80年代先生就率先带领中国学者走向世界（1987年），推动成立了国际刑法学协会中国分会，并且在国际刑法学会担任名誉副主席。还与日本西原春夫教授一起创办了中日刑事法学术研讨会，2015 年 4 月先生又在多哈荣获了国际社会防卫学会授予的切撒雷·贝卡里亚奖，这是中国刑事学者迄今获得的最有分量的国际性学术大奖。所以，近日先生再获早稻田大学荣誉博士学位，标志着中国学者的学术思想和学术品德得到了国际社会的广泛认可，也标志着中国学者已经从追随者走到了世界舞台的中心。这些荣誉既是对高老师成就的肯定，也是对中国刑法学界的肯定，充分反映了国际社会对中国刑事法治走向科学化、民主化和现代化的高度关注和充分认可。

先生是我国法学界的宝贵财富，年近九旬仍然勤奋学习，耕耘不辍，这种敬业态度和学术精神永远值得我们大家学习。广大师生需要先生继续指导和教诲，中国的法治事业需要先生继续贡献学识和智慧。

在这里我向先生奉上诚挚的问候和深情的祝福，衷心祝愿先生老当益壮，健康长寿，祝愿先生学术生涯之树常青，预祝活动圆满成功。谢谢大家!

刘明祥：谢谢姜伟大法官。下面有请北京大学法学院的陈兴良教授致辞。

陈兴良：尊敬的高铭暄教授，各位来宾，今天，我们欢聚在中国人民大学法学院，共同祝贺高老师获得日本早稻田大学名誉博士学位，高老师获得的这个荣誉，不仅是高老师的个人荣誉，同时也是中国刑法学界的荣誉，是中国法学界的荣誉，我作为高铭暄教授的弟子也感到十分荣耀。

高老师是中国刑法学界的一面旗帜，在长达六十多年的教学研究生涯当中，为中国的刑事立法和刑事司法作出了重大贡献。刚才发言的同志对高老师的学术生涯都做了很好的总结。我想归纳一下，高老师的贡献主要表现在以下四个方面：

第一，是高老师对中国刑事立法的重要贡献。在 1979 年《刑法》颁布之前长达三十年的时间当中，中国是在一个没有刑法的情况下度过的。但是，在这三十年当中，高老师一直参加

《刑法》的制定工作，尽管《刑法》没有颁布，但是前后出了 32 稿。这样一些工作，为 1979 年 7 月 1 日《刑法》的颁布作出了重要贡献。

在《刑法》颁布以后，高老师自始至终，跟踪我们的刑事立法进程，在 20 世纪 80 年代初高老师出版了《中华人民共和国刑法的孕育和诞生》一书，这本书不仅是我们刑法学界第一本阐述中国刑事立法的专著，甚至在中国法学界也是改革开放后最早出版的著作，这本著作对于我国的刑法学理论研究有着重大的影响力。在此后 1997 年《刑法》修订和到目前为止通过的九个《刑法修正案》这样一些活动当中，高老师都是自始至终参与，并且为我国的立法贡献了自己的智慧。

在耄耋之年高老师又对《中华人民共和国刑法的孕育和诞生》进行了修订，出版了《中华人民共和国刑法的孕育诞生和发展完善》这本巨著，篇幅多达 80 多万字，这本书由邱兴隆的女婿翻译成德文（邱兴隆插话：第一卷已经在运回国的路上了），在德国出版，向世界贡献中国刑法学者的思考。这是高老师作出的非常巨大的贡献。

在这里，我特别要强调刚才戴玉忠老师谈到的高老师对死刑问题的重视，对中国《刑法》限制死刑问题这一点，高老师非常地坚持和执着，这令我非常感动。因为在过去严打的氛围之下，我们的《刑法》不断地增加死刑罪。在 1997 年《刑法》修订当中，高老师可以说是据理力争。（邱兴隆：我插一句，高老师走向世界，就是死刑走向世界，1987 年参加意大利国际刑法学会第一届会议，就是死刑会议。我是见证者）目前，中国的死刑问题虽然还是一个问题，但是在思想上已经不断认识到要限制死刑、减少死刑，在这方面高老师作出了重大贡献。

第二，是高老师对中国刑事司法活动的重大贡献。在中国，司法解释在法律适用当中起到重大作用，两高承担了司法解释的制定工作。高老师参加了绝大部分司法解释的起草和修订工作，并且发表了自己的意见。与此同时，两高涉及一些重大的、具有影响力的案件要进行研讨，都请高老师参加，高老师都发表了很好的意见，对于处理重大敏感案件作出了自己的贡献。

第三，是高老师对刑法学理论研究和刑法学教育方面的杰出贡献。高老师首先是一名教师，他的本职工作是教师。在教书育人方面，可以说高老师是老一辈学者当中非常杰出的。刚才秉志也提到高老师培养了近 70 位博士，这些博士目前在我们法学研究、法学教育和立法、司法实际部门都发挥着重要的作用，这也是高老师对中国刑法学理论研究和人才培养所作出的巨大贡献。

第四，是高老师在对外交流方面作出的巨大贡献。刚才大家也谈到，高老师是我国刑法学界比较早地走向世界的一位学者，1987 年就参加了在意大利召开的国际刑法学会举办的关于死刑的会议，了解了世界上减少死刑、废除死刑的趋势，并且把这样一种思想引入中国，对中国的刑事制度改革发挥了重要作用。

高老师非常注重对外交流，从1985年开始对日交流，后来和日本著名刑法学家西原春夫教授共同创立了中日刑法交流的管道，这个交流管道为我们学习和了解日本的刑法知识作出了巨大贡献。今天，日本早稻田大学授予高老师名誉法学博士学位，可以说是对高老师对外交流活动的一个很好肯定。高老师荣获日本早稻田大学名誉博士学位也是一个标志，标志着中国刑法学获得了国际的认可，并且正在走向国际。

我们今天研讨会的主题是“中国刑法的国际视野”，我觉得这个主题设定得非常好，刑法本身虽然具有边界性，但是刑法学理论研究应当具有国际视野。中国刑法学要走出去，中国的法治建设发展，不仅要在本国的立法和司法实践当中发挥巨大作用，而且要通过对外交流逐渐走向世界，并且获得国际视野，由此再促进中国的刑法学研究。所以，高老师获得日本早稻田大学名誉博士学位，也是一个对外交流的成果。

最后，我要祝贺高老师获得名誉博士学位，同时也祝高老师学术之树常青，健康长寿。谢谢！

刘明祥：谢谢陈兴良教授。下面有请中国人民大学法学院院长韩大元教授致辞。

韩大元：尊敬的高铭暄老师，各位同人、各位同学，首先我代表法学院祝贺尊敬的高铭暄教授在日本早稻田大学获得名誉博士学位。

因为我年轻的时候在日本留过学，我知道名誉博士比拿博士学位难得多，20年以前，拿日本的博士是比较难的，但是也有拿的。名誉博士是对一个人始终坚持的学术理念、学术追求、学术成果的一个综合评价，在日本拿博士现在听着没什么特别的感觉，但是拿名誉博士是很难的。再看在哪个大学拿的名誉博士，如果是在早稻田大学拿的名誉博士，我想只要是懂得、了解日本学术传统的学界同人们，都会知道它的

分量。

高老师荣获早稻田大学名誉博士学位，在我看来这首先意味着日本学术界以及国际学术界对高老师的尊重。同时也意味着对高老师六十多年来所追求的学术成果、学术思想的一种肯定。同时意味着以高老师为代表的老一辈的法学家，不仅推动了自己祖国的法治，同时也推动了世界的法治。因为占世界人口 1/5 的大国所发生的法治的进步、法治的事件、法治的创新和思想，实际上也是世界法学的一部分，是世界刑法学界的一部分，所以，高老师的名誉博士学位也可以理解为中国的学者虽然在中国本土上从事法治研究，但他是在推进世界法治的发展、世界刑法学的发展。同时也意味着中国的法学正在走向世界，也是我们过去三十多年法治的发展开始得到国际社会的认可。所以，我代表法学院祝贺高老师荣获这一名誉博士学位。

刚才王校长也谈到，高老师到中国人民大学读书时是 24 岁（1951 年），1953 年毕业留校在中国人民大学整整工作了 63 年，24 岁来人大，大半个世纪，所以在高老师身上我们看到一位始终讲真话、有良知的学者风范，也看到他是一位不管政治形势怎么变化都始终坚持学术良知的学者。

六十年如一日，在教学第一线培养人才，在自己的学术世界里追求自己的理想，他这种作为一个学者的责任、平和、宽容、大度、低调的思想里面包含着中国人民大学六十年的精神、传统，中国人民大学的校训就是实事求是，所以中国人民大学的校训在高老师身上得到生动体现，我想当今中国需要高老师这样的一种学者良知，一种学者责任，同时，学者就要有学问，学者没有学问，是得不到尊重的。我作为高老师的学生，在工作当中有问题向高老师请教时，高老师不管什么时候都会为法学院的发展提出一些有益的建议和意见。高老师不仅是一位国内法学界、法律界尊重的长者，同时也是一位国际社会尊重的学者。

当然，关于高老师的贡献，几位都已讲到，但是，从宪法的角度来说，我觉得高老师的贡献不仅仅在中国的法学和刑法学界。因为高老师是 1953 年到人大的，1954 年公布了中国第一部宪法，所以高老师的血液里面具有浓厚的宪法精神，因为 1954 年在中国人民大学很多学科都要讲宪法，宣传、介绍新中国的第一部宪法，所以中国人民大学法学院传统里面也包含这一精神，高老师主张在死刑精神上的价值立场，我认为就是宪政的立场、人权的立场。高老师也最早把刑法学研究拓展到宪法里面，谈到一些宪法的话题，打通了宪法和刑法的学术对话平台。

同时，我个人认为高老师是中国法律解释学的创始人之一，他写的有关 20 世纪 50 年代以来和 1979 年《刑法》制定的很多工作，本身就是一个刑法解释的工作，他最早看到了刑事释义学对未来发展的影响。今天，我们看到很多释义学、解释学，但是，五十年以前高老师就已经看到了，所以他做的很多工作像我们看到的刑事立法的参与、著作的编写，都对中国的刑法学的本体论、价值论，特别是解释论，突出中国法学的主体精神方面贡献是非常大的。我们现在研究宪法和刑法关系的时候，都要看高老师的著作、高老师的文章，所以他的贡献是非常大的。

借此机会，我特别感谢今天来的各位领导、各位专家长期以来对中国人民大学法学院的支持，特别是对刑事法律科学研究中心的支持，今天的会议是由中国人民大学刑事法律科学研究中心和北京师范大学刑事法律科学研究院共同主办的，他们是研究院，我们是中心。我觉得这样一种合作，对共同来推动中国法学的发展是有意义的。所以希望大家一如既往地关心、支持中国人民大学法学院的发展，关心、支持和指导中国人民大学刑事法律科学研究中心的教学与研究工作。

大家一般都讲，祝高老师学术之树常青，我不讲这个话，因为现在高老师六十多年做一件事——学术，你不让他研究也照样研究，所以我也不给他增加负担，只说代表法学院全体师生祝我们尊敬的高老师健康长寿。

刘明祥：谢谢韩大元院长。

我们的开幕式还有一项活动，就是向高老师敬献礼物，首先有请法学院党委书记林嘉教授代表全院师生向高老师敬送礼物，以表达大家的祝贺和敬意。

（敬献礼物）

下面有请赵秉志教授代表刑科院向高老师敬献礼物，以表达刑科院全体师生对高老师的敬意。

（敬献礼物）

下面有请中国人民大学刑事法律科学研究中心戴玉忠教授代表我们中心全体同人向高老师赠送礼物，以表达大家对高老师的祝贺和敬意。

（敬献礼物）

接下来请大家一一向高老师赠送礼物。

（敬献礼物）

接下来请学生代表向高老师敬献鲜花，以表达弟子们对高老师的一片爱心。

（敬献鲜花）

邱兴隆：我的歌《远航》

刘明祥：邱兴隆教授有一首歌送给高老师。

高铭暄：这首歌，是他作的词。

刘明祥：开幕式到此结束，下面进入第一单元学术研讨。

我把主持人这个任务交给冯军教授。谢谢大家!

冯军：各位师兄、各位师弟师妹、各位同人、各位领导，现在进入学术报告单元，这一单元由高铭暄教授主讲对中外刑法学术交流的几点体会。在高老师讲演之前，请允许我把早稻田大学授予高铭暄老师名誉博士学位时宣读的表彰词中的一段话给大家念一遍。

是这样写的:“这种永久性的与国外学术领域的交流，在中国也少有先例。高暄铭先生的这种作为，在促进学术的发展，加快法治主义的步伐上，得到了国内外的高度评价和深厚信任。这也表现在，在中日关系不稳、许多交流活动被中断或者延迟

的时期，中日刑事法学术交流仍旧能够按计划每两年举办一次，没有出现任何问题。这完全是因为作为中国刑法学第一人的高暄铭先生与早稻田大学之间的深厚情谊，中、日两国的相关人士深知其积极参与中日刑事法学术交流的热情，以及中国的学术界和政府对他的深厚信任。除此之外，别无其他。对作为日中民间交流典范的中日刑事法学术交流来说，高暄铭先生是不可或缺的存在，授予高暄铭先生名誉博士称号应该是正合时宜。”

高老师，下面有请您做学术报告。

高铭暄：尊敬的各位领导，专家、教授，各位同事、同行，大家上午好！

首先，感谢中国人民大学刑事法律科学研究中心和北京师范大学刑事法律科学研究院共同主办这一富有意义的、对我个人而言非常振奋的一次研讨会，题目是“中国刑法的国际视野”，能够邀请我参加，我非常高兴，同时也感到了自己的责任。我也非常感谢许多同志给我发来祝贺的短信或者是微信。今天在会上有许多同志发了言，祝贺我获得早稻田大学的名誉博士学位。跟我讲了许多热情洋溢的、暖我心窝的一些话。我深受感动。

我想，这份荣誉不只属于我个人，首先是属于我的母校和工作单位——中国人民大学，特别是法学院，以及北京师范大

学，特别是刑事法律科学研究院，还属于中国的刑法学界，乃至中国的法学界。

我认为，应当归功于我所热爱的，我们伟大的、光荣的、正确的党。我入党已经 63 年，是党哺育、教导了我，是母校培养教育了我，是工作单位信任、提拔、任用了我。还有我的同事们、朋友们，以及我的师弟、师妹们的帮助、支持、热爱。

刚才有几位原来是我的弟子，但是现在或者是领导同志，或者是在教学、科研作出杰出贡献的一些同志们，在这里都讲了话，也可以说对我仍然是鼓励、支持，也是鞭策。没有党的哺育、教养，没有母校的培养、教育，没有工作单位对我的信任、提拔、任用，没有师生、弟子们、同事们、朋友们对我的

"中国刑法的国际视野"学术研讨会
暨高铭暄先生获早稻田大学名誉博士学位庆祝会
中国人民大学法学院

"中国刑法的国际视野"学术研讨
暨高铭暄先生获早稻田大学名誉博士学
中国人民大学法学

帮助、支持，我想我不会有今天，也不会有今天这样一个荣耀。

当然，我也要感谢早稻田大学对我的青睐和肯定。其实，我不过是一名平平常常、普普通通的法律教育工作者。我一直生活在这个集体里、团队里，我有什么优点、有什么缺点，大家都很明白。只不过，我这个人年纪比在座的各位长了一些，经历可能是多一点，我感觉是历史的需要和机遇把我推上这个刑法学界的位置，并不是我的智商有什么过人之处。我的成就比起现在在座的有些弟子们的成就，老实说还是有差距的。我在教育方面、在学术研究方面，远不如我现在一些弟子们的成就。这也符合韩愈讲的一句话，“师不必贤于弟子，弟子不必不如师”，也就是说“青出于蓝而胜于蓝，长江后浪推前浪，一浪更比一浪高”，所以，今天举行这么一个庆贺会，我心里讲也是一分为二，大家对我是鼓励、是爱护、是鞭策，我自己心中有数，自己几斤几两心中还是有数的，不是那么完美。我想，只不过是历史和机遇把我推上了这样一个位置。

当然我从事这份职业也有一点目标追求，我是想把中国刑法学能够搞上去，不甘心落后，要跻身于世界之林，让世界承认中国刑法学也有它的特色和独到之处。我想我们的指导思想，当然是马列主义、毛泽东思想和邓小平理论，我们的理论基础实际上自古以来，据我学习中国刑法史从夏朝开始就有刑法的一些规定，从夏商周一直到清朝，几千年的历史，刑法哪一个朝代没有？都有。而且有一些传统刑法的东西，表现在唐律上、

宋刑统上，或者是元典章上和明律、大清律例上，一贯继承，这中间总结了刑法的一些理论形态，或者说是一些制度上的规定，有它精华的东西。我们有一个深厚的历史渊源。

再说，现实的立法和司法实践也非常丰富。中国所办的刑事案件比外国哪一个国家都要多，应该可以支撑我们这门学科成为显学，刑法学在国内来说是一门显学，确实从事刑法学研究的人不像 20 世纪 80 年代初，那时候人少，现在从事的人光刑法学（我没有精确统计）教授、副教授就数以百计，拥有好几百人。所以我认为只要我们国家富强，有影响力、有吸引力，刑法学也会做大做强，不会矮人一截的，不会跟着西方的屁股亦步亦趋，这点志气我是有的。我想我们在座的许多同志也是有的。当然，这不表明是妄自尊大，或者是夜郎自大，西方刑法学的好理论、好经验，特别是一些精华所在、精道之处，我们还是要学习的。但是，如何消化、如何应用，我们还是要从我们的国情出发、从中国实际出发，不囫囵吞枣，也不生搬硬套，为了知彼知己，做到心中有数，我们就要强调走出去、引进来，强调开展国际合作。国际合作的方式很多，如召开双边或者多边研讨会，请外国专家来讲学，我们派出一些教授、讲师们出国访问，互派留学生、互派学者，参加国际学术组织（当然要经过批准），参加国际学术会议，互相交换图书资料，等等。

就我个人的经历来说，在刑法学国际交流方面，也做了几

杨建军

件事：

1.1987 年 5 月到意大利参加，刚才邱兴隆教授提到的国际死刑问题学术研讨会，因为我事先得到中国法学会的委托，在这个会议上和国际法学会接触一下、商量一下，中国刑法学会能不能加入国际刑法学会，当然是作为会员参加。能不能在中国成立国际刑法学协会的中国分会，这件事我是从 1987 年 5 月按照中国法学会领导的指示去办的。初步得到了他们的同意，当然他们也有一个程序问题，后来他们专门开了会，接纳中国几位学者参与国际刑法学协会作为会员，另外也同意中国成立国际刑法学协会中国分会。这个事情办完，一旦成立以后形势就不同了，我们的大门就开了，国际交流渠道，这是一个很主要的渠道。从此，每一次国际刑法学协会开大会，1989 年在维也纳开会，1994 年在巴西里约热内卢开会，1999 年又在布达佩斯开会，2004 年是在中国北京开的会，2009 年在土耳其伊斯坦布尔开会，几次大会都派中国学者参加，最多有二十几位，最少也有六七位。这样，我们和国际刑法学协会的关系就密切了，此后国际刑法学协会也非常重视我们，也曾经有一些预备会在中国开，在西安就开过会。这样我们的渠道就畅通无阻了，后来中国分会提出一项请求，国际刑法学协会的刊物叫《国际刑法学评论》，按季度出版，是四本，有时候是合订本，我们申请《国际刑法学评论》出中文版，后来我们接过来了《国际刑法学评论》中文版的出版事宜，因为我当过国际刑法学协会副主席，

因此这些事就比较畅通，《国际刑法学评论》也出了好多期，具体多少没记住。这是一个渠道。

2. 我自己亲身经历的，这次会上没人提到，我们和法国巴黎大学合作，当时一个教授叫德尔玛·马尔蒂要和我们合作，当时我在中国人民大学法学院刑事法律科学研究中心任主任。我们两家商量，合作开展研究侵犯人身权利和经济犯罪的问题，最后合作了很多年。每年轮流召开一次，一次在中国、一次在法国，法国基本上是在巴黎。开了很多次会，按成果来说出了8本书，中文版3本，法文版5本。法文版的影响力比我们更大一点，法文版在欧洲推开，这本书在欧洲发行得比较多，就我个人观察，德尔玛·马尔蒂教授声名大振，就是因为她和中国搞了合作研究，出了 5 本关于侵犯人身权利和经济犯罪的书，我们还研究了刑法国际指导原则，专门出了 1 本书。因此，她在欧洲产生了很大影响，后来德尔玛·马尔蒂被选为法兰西学院的院士，法学院士只有 1 名，前任是马可·安塞尔，这很了不起，是总统任命、总统授予宝剑，有标志的。现在和我们还保持联系，我去巴黎几次她都见我。而且她从合作研究以后，就对中国有了深刻的印象，愿意接受中国的留学生，后来中国人民大学输送到法国留学的学生也有好多位，不止一批，当年不只是面向人大，别的学校也有。这些学生留学以后都得到重用。现在中国人民大学还有中法学院，也是这样延续下来的。从此和法国的关系就得以建立和发展，因为上面的同志没有提到，这个事情我也是亲历其境。当然不光是我，还有赵秉志教授、卢建平教授都出了很大力。

3. 和早稻田大学合作，因为早稻田大学当时一个人当过校长，刚刚卸任，就是西原春夫教授，大家很熟悉，跟人大就像走亲戚似的，人大也授予他名誉教授称号。我们在他那里开过一次国际刑法学的研讨会。中日刑法学研讨会当时是两年一次，一次在中国举办，一次在日本举办。前面他们和上海搞过 6 次研讨，后来觉得上海有点局限，主要是上海这个范围。后来想把这个事情推开，能够在全中国范围来考虑。后来就到北京来找我们，由我和赵秉志教授来接待，后来就开展起来了。我们接手以后开过 4 次研讨会，一次是研究过失犯和过失概念，一次是研究共犯和有组织犯罪，一次是研究经济犯罪，一次是研究危险犯和危险概念。这4次研讨会，由西原春夫担任日方的团长，由我担任中方的团长，开得很好，也很有影响。至少对日本和国内都有影响。这样早稻田大学对中国一些学者的认识也加深了，知道我们也有研究力量，研究力量也不低、不薄弱，所以合作很愉快。后来因为西原春夫教授觉得年事已高，不宜再继续下去，就改变方式了，由中青年来搞，人大、北大、清华和日本不仅是早稻田，还有东京大学等参加。但是，现在和我们那时候的搞法略有区别，问过日本有没有搞过像原来那种，说现在搞不起来了，现在校际之间的交流多一点。

这几件事，讲我的亲身经历，从上述这些合作交流当中，我感觉到我们还是尝到了甜头，感到获益良多，有这样几点：

第一，增加了见识，开拓了眼界，开始具有国际视野。

第二，促进了学术研究的广度和深度，因为经过交流，提出了一些问题、提出我们原来不太注意的问题，后来我们也就开展研究，经过比较研究，开始兴旺起来。

第三，提高了中国刑法学和中国刑法学人对外的影响力，经过这么多研讨，外国学者慢慢了解中国刑法学的情况，也了解中国刑法学学者的一些情况，也知道我们的水平在不断地提高。

这里举一个例子，大家不一定知道，比如说现在的美国有中美合作的开展。中美交流当中，图书互相交换，到哈佛大学图书馆去看看，中国学者的著作，亚洲这部分过去主要是日本的东西，日文这些著作、刊物比较多。现在去看一看，中国学者的一些著作、中国的一些法学刊物都是很多的。举一个例子，赵秉志教授大家公认是一个多产作家，光是赵秉志教授的专著和他主编的书，在哈佛大学图书馆里面就有一百多种陈列在书架上，这就可以看出来他们对中国的重视。

总结起来讲，刑法学的对外交流一是越来越频繁；二是交流质量越来越高、方式越来越灵活多样；三是中国刑法学者的声音越来越响亮，话语权越来越大。这是我对交流的一些体会。

展望未来，我认为刑法学的国际合作交流，我们一定要重视，要坚持做下去，并且有所创新，我们要热心、尽心、耐心，要增强勇气，提高底气，既要学习他国的长处，同时也要敢于宣传自己，不卑不亢，达到双赢。

我想我的体会就讲到这里。谢谢大家！

黄京平：按照我们的会议安排，现在进入第二单元学术讨论，学术讨论主题在横幅上，大家都清楚。

在进行讨论之前我想说几点：第一，讨论的时候一定要守规矩，不许随便插话。因为这一段主持难度非常大，不像前面安排好了发言顺序，安排好了发言人，因为发言是先获得学位的人向后获得学位的人表示祝贺，探讨中国刑法对外交流，包括中国刑法走向国际视野等问题。第二，还像高老师所说的那

样是师弟、师妹们向师兄表达感情，同时有中国人民大学毕业的，也有不完全跟中国人民大学有学历或者是教育上的关系也到场祝贺的，所以发言顺序不好掌握。以举手示意。

邱兴隆：高老师，我今天是作为三个代表来的：

第一，我是您“小三”早年的第三届，王勇、李海东和我一同入学，这是作为您弟子的一点。我是您唯一破格录取的弟子，同时我也是您师女婿，我太太也是高老师的弟子，所以这是第一个代表。

第二，我有一个感受，因为我是中国人民大学的博士，所以我代表中国人民大学湖南校友会，因为我是会长，对高老师

表示祝贺。

第三，高老师今天讲到中国刑法的国际视野，我觉得高老师您要倒过来，国际视野下的中国刑法。所以很多东西，我们是没有信仰的人，请高老师您原谅我，我讲话不注意。在这个国度和这个时点我们是没有信仰的（冯军插话：高老师有信仰），但是有一点是绝对不能不信的——传承、恩情，刚才高老师说 24 岁到人大，我也是 24 岁到人大，我是研究生毕业来的。我比他还早一点，23 岁。（高铭暄插话：应该稍微纠正一下，我是 23 岁到人大，1951 年大学毕业到人大当研究生，1928 年生的。1953 年我 25 岁人大研究生毕业。）

我是西南政法大学 23 岁毕业。其他不想说。冯军教授我问一下，上次你到德国谁当的翻译？（冯军回答：翻译很多，但是我的文章是你女婿赵冠南先生翻译的。）

人一定要讲传承，不讲传承不是人。是我女儿和女婿他们自己翻译了高爷爷的《中华人民共和国刑法的孕育诞生和发展完善》，出版的第一卷已经在运回国的路上。明年高老师90大寿，第二卷出来，因为第三卷不好翻译，要等着你的修正稿过来。

卢建平：今天这样一个喜庆的场合，我也不跟邱兴隆争先后，就说我自己的话。非常高兴参加这样一个活动，特别是来祝贺高老师获得早稻田大学名誉博士学位，说到这一点不免有点小小的得意，因为在座这么多博士中洋博士就我们两位。当然后面还有几位年轻的博士，那是晚辈。

高老师既是我的领导，也是我的恩师，当年在人民大学上学的时候，高老师是我们的系主任，1983年我毕业的时候，有幸考中高老师的公派研究生，我应该是去日本的，文部省不知道有一个乱七八糟的规矩，到日本攻读博士学位有一个年龄底线，这也是我人生的第一个挫折，因为那时候年龄还没有达到底线，日本不让去。日本不让去，我也很高兴，去了更远的地方——法国。因此，在法国修成正果回来，后来也为高老师、为中国刑法走向国际，尽了一点绵薄之力。

经常和高老师一起出去，跟在高老师后面在世界各地奔波，

高老师的裤兜里有两盒药，一个是硝酸甘油、一个是速效救心丸，在裤兜里沙拉沙拉作响，我们相当于师徒两个人在世界各地奔波，高老师，我们用自己的脚步丈量了世界很多的大中城市。当时我心里在想，以高老师这样一个年纪还要为中国的刑法走向世界亲力亲为，不辞辛劳地四处奔波，作为后辈学人常常既感到激励、鼓舞，同时也感到自己的责任重大。

今天这样一个场合，当然要说一些跟这个主题相关的话，因为高老师之所以能够获得日本早稻田大学的名誉博士学位，一方面是由于高老师对中国刑事法学、刑事立法、刑事司法所作出的无人能望其项背的杰出贡献，另外一方面是由于高老师开拓了中国刑法的国际化道路。刚才他自己已经做了一个很好的总结，他其中提到一点，因为我自己在其中亲身参与，也可以简单说一下：1992 年春天，我到法国在巴黎一大做访问学者，当时我的导师就提出希望能够跟中国的刑法学界有深度的合作，这种合作不是走亲戚式的，坐下来聊聊天、喝喝茶、吃吃饭，而是选择一两个领域的话题进行长时间的深度合作，就是我们现在所谓的科研合作。回来以后，我跟高老师汇报了这个事情，到 1992 年年底戴马斯教授到北京来访问，她找我商量，一开始是在北京饭店小小的茶几上用小纸片大概拟了一个研究什么课题，研究计划，特别是她提出必须和高老师、和中国人民大学刑法团队进行合作，于是第二个阶段赵秉志在人民大学小小的客厅里面，赵老师很有创意，不知道从哪儿弄了几个皱了吧唧的苹果，临时弄了一个盘子变成一个水果拼盘，我们四个人商议了刑法学界第一个真正意义的合作研究课题。原来好像是提议研究侵犯人权的犯罪，高老师提议说考虑到中国的实际应该增加一块叫财经领域犯罪的国际比较研究。（邱兴隆插话：是经济领域犯罪）。

我想说的是，因为现在一想，这是二十多年前的事情，里面有两个细节必须要跟大家讲讲，刑法学界的第一个合作课题立项是何其艰难，当时由中国人民大学通过层层上报，到了当时的主管行政部门国家教委，国家教委国际司不批，不批的理由是：研究什么不行，你研究人权，人权多敏感！所以高老师知道以后非常着急，亲自骑着自行车跑到国家教委，去跟国家教委国际合作司的一些官员们解释，我们研究的是刑法里面的一个专业话题叫侵犯人身权利的犯罪，而不是泛泛意义上的人权。经过这样的解释、说理，最后把这些官僚说动，这个项目才批下来。这是第一个。第二，我们选择研究的两大领域里面，有很多的话题，二十多年过去了，今天来看仍然是非常前卫的。比如，当时选择什么叫洗钱犯罪。生物工程技术领域的犯罪，比如说像克隆人。这些名词，洗钱犯罪的上游犯罪和下游犯罪，我想都是国内学人第一次听到和接触的名词。比如，当时拟定的反腐败、反欺诈、反毒品犯罪，还有反假冒，这样一些议题，在今天看来，它的意义、它的价值依然是非常显著的。仅此一点，我觉得，我们在未来中国刑法更加深入的国际征程当中，我们要向高老师学习这种亲力亲为的精神，但是更要学习的是高老师的视野，必须要有高瞻远瞩、高人一头的视野。谢谢大家！

齐文远：非常高兴来参加今天这样一个活动，邱兴隆非常激动，我也很激动，在控制。确实是在朋友圈看见邱兴隆发的高老师获得早稻田大学荣誉博士学位，所以我就点了一个赞，也非常感谢中国人民大学刑事法律科学研究中心和北师大刑事法律科学研究院举办这样一个活动，作为高老师的弟子，应该说在这样一个时刻确实是非常激动的。我发完言就要走，因为今天晚上 7 点钟有一个重要领导要约见我，1 点钟的火车，7 点钟要赶到东湖宾馆去。

我想作为一个刑法学人，师从高老师是人生幸事，高老师从各个方面都有很多值得我们学习的地方。我想讲一点，刚才赵秉志在介绍什么会，给高老师颁贝卡里亚奖时说的一段话，高老师是刑法学界唱京剧唱得最好的，每次跟高老师在一起，高老师高兴的时候都会表演一下，我们也是得到了熏陶。我也暗暗下了决心，作为高老师的弟子，不仅要和高老师一起研究学问，而且要和高老师一起研究国粹。我给高老师当学生时就开始暗暗下决心，学了这么长时间学会了一段，上次唱了一次，高老师说调儿低了，现在还在继续学，希望下一次给您唱第二段，我代表中南财经政法大学祝贺高老师荣获早稻田大学名誉

博士学位，中南财经政法大学的师生们也欢迎您有时间再次莅临，去讲座、去指导。谢谢!

张天虹：高老师，非常高兴，我是京外来祝贺的，非常感谢有这次机会。我是比较晚上博士，跟着高老师学习的，但是我 1989 年上硕士，就是听的高老师的课。当时本科就读高老师主编的刑法教材。上博士期间，我们年级里面，我是年纪最大的，所以跟着高老师学习收获非常大，尤其是高老师的为人为学，让我们非常敬佩。

我说两件小事：一个是我们在上学期间和我的同学，上下届高老师带的 6 个博士，每周高老师给我们上一次课，一个上

午。这一个上午分别汇报自己的学习体会，高老师进行指导，非常认真、非常用心对我们进行指导，所以我们大家都非常敬佩高老师。每次上完课以后，高老师都请我们吃一次饭，而且高老师给我们定了一个规矩，在校生我请客，你们不能出钱，有时候同学们说逢年过节给高老师表示点心意，买个花儿什么的，高老师都坚决不允许，这是为人为师的品德，我们心理非常非常敬佩和感激。

第二件事，我当时写博士学位论文，因为当时我在山西大学当老师，也有课，而且也已经担任了院长工作，行政工作也比较多。论文也是挤时间来写的，临到交稿前我还在写，也就是还没写完。高老师也很着急，我写完以后交给高老师，高老师在他的办公室，当时一页一页给我进行修改，标点符号、文字错误，指导了一上午，所以他这种敬业精神，尤其是这种对学问的认真和严谨，让我非常感动。所以我们这些晚辈后生们，当然可能达不到高老师现在这种声望，但是一定要向高老师学习，学习他这种对学问的认真态度和对学术的追求精神。在此，我也代表山西省刑法研究会和山西大学法学院的师生向高老师表示祝贺，愿您身体健康，学术之树常青。谢谢！

楼伯坤：谢谢！今天我非常激动，凌晨4点钟就醒了，这还从来没有过，我想讲三点：

第一，要表示祝贺，我本人，并代表浙江刑法学子，对浙江籍的高老师获得海外名誉博士学位表示热烈祝贺。

第二，我要感恩，感谢高老师对我的专业指导和学术引领。我跟高老师认识是 1997 年《刑法》修订以后，高老师到浙江做刑法宣讲，是浙江刑法学研究会组织的，在那儿初识，那时候只是远远地看高老师，还没有接近。2004 年开始，我跟高老师做访问学者，所以我跟中国人民大学还是有渊源的。2004 年至 2005 年访学期间，我重点研究了刑法加重犯，现在刑法学会的赵会长也研究过，为刑法加重犯理论填补了一个空白。2007 年至 2010 年我跟高老师读博，因为我当时研究的是犯罪行为学理论，要把犯罪行为解开，所以经常向导师请教、讨教，有的时候还讨论到很晚，后面完成了犯罪行为学的国家课题和教育部课题。当然在过程当中，在导师指导下也参与了我们学院的管理和建设。所以我的每一个成长都离不开导师的指导，尤其对我学术上的指导和人格、风格上的一种引领，是非常非常重要的，影响也非常深。

第三，还有一点是要特别说的，我在浙江工商大学教学一开始就是教刑法，后来我们申请了一个浙江省重点教材，叫刑法学。当时是在2006年的时候，我跟高老师申请能不能给我们做一点指导。大家知道高老师和马老师的那本著作《刑法学》是中国刑法学子一直都在使用的，我们要编一本书，并且请高老师作为我们的学术指导确实要求有点过，但是很高兴高老师支持了我们，他讲我是从浙江出来的，要为浙江的法学发展，尤其是刑法学发展做一点贡献。这对浙江的法学发展，尤其是刑法发展起到了很大的帮助作用。所以非常感谢！

因为考虑到时间关系，还有师兄师弟师妹都要说，我感恩的话就说这些，最后有一个祝福，祝福高老师身体健康，工作量适当小一点，生活愉快。

夏勇：很高兴能坐在这里，坐在这里不管是京内京外都是高家军的弟子，我以一个特殊的身份来向高老师表示祝贺，因为我无论从学源还是从工作，都和高老师没有直接的交集，但是高老师德高望重，我内心一直非常地钦佩，就凭着这样一个朴素的感情，我今天专门到会向高老师当面表示祝贺。因为我上次听闻高老师荣获贝卡里亚奖也曾想前来祝贺，因为有其他事情没有脱身还挺遗憾，这次又是一次机会，再也不能错过了。

今天的主题是中国刑法的国际视野，我觉得这个主题非常好，国际视野就是要打破一切藩篱，把这个眼光尽量放远一些。讲传承、讲门第，都没有错，但是我们也不能局限于此，我想我本身今天就是以我的实际行动想来践行一下这样一个视野的问题，我不是高老师学生，但是高老师是我的老师。我衷心祝愿高老师长命百岁。

梁健：我讲几点，本来今天我在浙江是有安排的，这么重要的事情，对高老师的祝贺还是要来，昨天跟高老师也讲了，高老师曾经讲在他的刑法梦里面一个很重要的内容就是要刑法国际化，让中国刑法走向世界。这次高老师获得早稻田大学荣誉博士学位，正好也是一个见证，见证了我们刑法学在慢慢走向世界，并且得到世界的认可。我觉得还没有完全认可，但是很大部分已经认可了。因此，高老师的刑法梦里面、中国梦里面，一部分内容我觉得已经代表我们刑法学界实现了。

当然，接下来还有很多的工作需要做，在这里特别表示祝贺一下。

这个机会特别好，来了以后见到这么多老师、师兄、师弟、师妹，借高老师获得荣誉博士学位的东风，大家见了面。

高老师的学问、人品是我们学界都公认的，我们都觉得高老师高山仰止，为人、做学问、各方面都是值得我们大家学习的，以后要多向高老师请教。

高老师现在已经88岁高龄，我祝高老师健康长寿，生活幸福快乐。

聂洪勇：首先祝贺高老师获得早稻田大学荣誉博士学位，一直在最高法院，在刑庭工作，在司法当中学的用的都是刑法学理论，都是高老师教我的，高老师作的理论，我是实践，用实践来检验理论。我觉得高老师的刑法学理论不过时，经得起时间的检验。古人讲立言立德立功，首先从立德来讲，无论是从师德还是从品德来讲，高老师的德行都是大家有目共睹的。韩院长刚才提到的高老师的研究是尊重司法规律的，尊重客观，尊重人性，高老师讲热爱党、热爱国家，但是我觉得他更热爱刑法学，他对刑法学的研究，在共犯理论、单位犯罪理论、过失犯罪理论等方面的研究，都是尊重客观、尊重规律的，这是我从高老师身上学到的学术品德。包括在司法实践当中，处理案件当中，我是一名法官要尊重事实、尊重证据、尊重真相，不管做多大的官，要始终坚持这一点。这是学术的良知，也是法官的执业良知，在这方面，高老师的学术品德是永远值得我学习的。

教书育人，刚才各位领导都讲过了，我作为高老师的弟子

体会非常深，高老师对一篇文章的每一个标点符号、每一个用词，都精益求精。有一次开刑法学年会，有一篇文章有一个错字，我给高老师当助手，有一个人报名，高老师说好像不是这个字，以前送给我一本书，写的是这个名字。我说“高老师，这是人家自己报的名字，高老师在书架上找出来，是不是人家改了用这个字。他可能是委托别人报的，弄错了。”这个事情虽小，但是，高老师非常认真。

无论是平常写的文章，还是博士学位论文，最后一看高老师的修改，非常感动，也非常敬佩。从文章的结构，到标点符号，到存在的问题，高老师认认真真、条理清晰地指出来。高老师在学术品德上是值得大家学习的。

在立言方面，高老师著作等身，2009 年到日本、欧洲、美国搞过交流，我用高老师教给我的刑法理论到国际上去发言，既有自信，也有底气，完全能够立得住。

在立功方面，高老师的刑法理论研究，在理论界、实务界，是得到大家公认的，无论到哪儿出差，一说是高老师的学生，大家都非常羡慕，主要是因为沾高老师的光，我是高老师的学生，绝对也不能辱没高老师的名声，所以我在实践当中坚持高老师教诲，发扬高老师教给我的优秀品德，虽然我是一名普通的法官，但要争做一名优秀的法官，为国家的法治建设做一点微不足道的贡献，这样才无愧于高老师学生的名号。

最后，祝高老师身体健康，万事如意，您还得多多研究，让我们在实践当中继续应用。

吴声：很惭愧，我是 2003 年读的博士，读博时是在聊城中级法院工作。

第一点，各位老师和同学们讲得都比较好，我完全同意，回去贯彻落实好。

第二点，我是山东唯一一个当过两个中级法院一把手的，时间比较长。我在聊城当副院长 15 年，读了博士以后回去想换换地方，就换到莱芜，到莱芜干了两年不到一届，张军院长去聊城遇见我，问我在哪里当院长，张军当时是中纪委副书记，我说在莱芜，他又问莱芜有几个法院，我说有 7 个，张军对我

们的省委书记笑笑说:“高老师的博士，莱芜太小，换一个大点的吧。”我当时以为是开玩笑，没当回事，过了一个礼拜，院长找我说，是高老师的学生，不能干太小，给你一个大点的，说滨州比较大，去滨州吧，我以为是美国的宾夕法尼亚州，一听这个地方是我们没去过的，就去了滨州，是2014年1月9日去的，干了三年。前段时间又讲，这个地方不算大，你再去烟台吧。我说高老师的学生不能干四个法院，我都没到届，烟台坚决不去。刚才聂洪勇上级法官说了在实践中践行，聊城法院当时信息化做得最好，信息化三大公开，到了莱芜也做了三大平台，当时周强院长可以直接通话到法庭。我在实践中践行高老师的思想，默默贡献、默默耕耘。

最沾光的一次，中级法院说是高老师的学生，认为我有学问。就派我到美国纽约大学去访问，到那里后，一天中午，通知说有大法官要见我，要请我吃饭。我说谁啊？一看，是杰姆·科恩，他对我说高老师的学生来了，纽约大学研究中心主任专门破例请吃一次饭。我在美国，都沾高老师光了。

没说好，请大家原谅。

王秀梅：继吴声说完以后，我也表达一点儿心声。我天天有机会伴在高老师身边，这也是我的荣幸。特别是作为高老师的第一个女弟子，我总以为是高老师的女儿为荣。

真的是国际刑法从20世纪80年代高老师开始，要不然国

外根本就不知道中国，高老师也是第一任中国在国际刑法领域发声的。其实，我想说四个方面，高老师给我的感觉、给我的印象，第一是严师，第二是慈父，第三是学术的王者，第四是国粹的弘扬者。

严师，我也算挺大的师姐，所以这么多师兄弟都表达了高老师如何严，我也是在高老师严厉的指导下撰写博士学位论文的，甚至刚留校当老师时，高老师就教导我怎样站好三尺讲台。记得有一天晚上，我要替黄老师上一次课，高老师给我打电话，想阻止我替黄老师上课，说“刚留校你还没有备课，台上一分钟、台下十年功，你就敢去站这三尺讲台”，就是让我一定要练好这个基本功。（黄京平问：最后去了吗？）去了，不去您就受处分了。虽然高老师指导着，但是高老师让我这个课要上完美，所以我那天晚上没敢睡觉，玩命地备好您那个课。高老师是言传身教，我也是聆听了很多高老师的课，特别是有些演讲，有些人说声如洪钟，四个小时，高老师不休息，都能够把整个思想连贯地讲下去，我们都觉得话多伤气，但是高老师的底气非常足，把学术和讲堂看得很重要，教书育人其实是十年树木、百年树人。这是从高老师身上明显体会到的。高老师是严师，同时对自己也严格要求。现在我这个年龄熬一宿夜可能都要缓一缓，可高老师几乎每天都在熬夜，很多东西是自己亲自写的。给我感触最多的是，2001 年我们两个人在普林斯顿开会，高老师鼓励我一定要发言，头一天晚上高老师帮我整理发言稿，我们再对，而且转天发言的时候，高老师还在记笔记。我觉得大伙儿可能都能看到，每次年会、每次会议高老师都做笔记，说高老师的著作等身，可能笔记本也都等身了。英文笔记你们可能也没见过，高老师也在记，所以好脑子不如烂笔头，包括笔记本电脑都还有崩盘的时刻，但是记下来的笔记，只要你不丢，它就永远在那儿。

在学问上，我估计在座的师兄师妹都没有看到高老师跟谁红过脸，但是你们肯定也受到过高老师的批评，但是他这种批评是鼓励式的批评，让你觉得很惭愧，你会更加努力去改进这些东西。我刚才说其实我的博士学位论文国际刑事法院很多是英文注释，高老师看得很详细，甚至把英文注释中的英文拼写错误都指出来了，我觉得我的不认真，相对高老师的认真，真的惭愧很多。

从慈父角度来看，高老师用自己的工资捐助基金会，支持青年教师，把每一个青年教师都当成自己的孩子，每一个刑法学子都是高老师关注发展的对象。所以他对整个青年的发展、刑法学子的发展都很重要。赵老师是高老师的大弟子，我是高老师的女弟子，我记得当时很多人问我，高老师怎么对待弟子之间的关系，高老师说十个手指伸出来都是一样的。所以他是平等对待，没有入门的先后，所有弟子都是高老师的孩子，一视同仁关心我们的成长和发展。刚才有师兄说下课高老师要请大家吃饭，从来不让大伙儿掏钱，这里我要说一点，高老师不仅照顾了上学的弟子们，连弟子的孩子们都养了，所以上博的时候我儿子跟我在学校，吃饭的时候我儿子经常是小吃货，所以高老师这种慈父的形象，我想大家都是知道的。

另外，我想说高老师既是学术王者，也非常关注学术的传承。这里我们都体会了很多。在学术王者方面，之所以早稻田大学能够授予高老师名誉博士学位，刚才赵老师也总结了早稻田大学非常慎重授予这个博士，足以见到高老师的学术得到了早稻田大学的认可，也受到了世界的认可，就是贝卡里亚奖，所以我说他是学术的王者，我们要把这个学术传承下来。

最后也是中国国粹的弘扬者，而且在座每个人都亲自聆听过，这个弘扬走出了人大、北师大，走出了中国、走出了亚洲，走向了世界。现在所有大型国际会议上，最精彩的一部分，不管懂不懂中文都希望听到高老师的京剧，所以高老师在传承刑法学的时候也把中国的国粹带出了国门，弘扬到了世界上。这也是我们刑法学子应该学习的，人要多才多艺，刑法学更需要其他学科的涵养。谢谢大家！

邱兴隆：我刚才一激动搞忘了，代表智辉师兄说一句，他在上课，来不了。这是第一。

第二，我占用五分钟代表我太太说几句，秀梅刚才说得很动情，博士学位论文结束的时候我在打麻将，当时找不到感觉，就像谢望原教授说我不是搞刑法的一样，天天打麻将。当时，太太的博士学位论文最后一章已经要结尾了。高老师马上要出国，我把我太太最后一章最后一段话有300字左右的结尾给改了，改了以后很高兴就发给高老师，凌晨两点高老师把我太太骂了一顿，“你这个东西写得那么好，最后怎么来这样一个结尾”，我太太跟我说“叫你不要改，非要改”。再改一下，最后高老师说这个差不多。认真，不管是做人，还是做学问，必须要认真的，必须是发声的，宁可不发声，也要说自己的良心话。我太太的研究生是我带的，后来要考博士，要考赵老师和陈老师的，我说不行，必须要考高老师的。

谢谢大家！

郑丽萍：各位上午好，在座的我看了一下基本上是高老师的弟子，刚才发言的，我看了一下，除了夏勇老教师外，基本上是高老师的弟子，我不是高老师的弟子，但是我和夏勇教授一样想说两句。

我们虽然不是高老师的弟子，从形式上讲，不是高老师亲自教授过的，但是从实质意义上说我们也是高老师的学生。因为最开始学刑法学时，是从读高老师的教材开始的，最初从事刑法学研究，也是看高老师的著作、论文，特别是刚才大家多次提到的高老师写的《中华人民共和国刑法的孕育和诞生》，现在我们要查有些立法的背景、资料，这是必看的。所以从实质意义说，我们也可以说是高老师的学生，今天这种心情也不亚

于在座的高老师的各位弟子。中国有一句老话，“家有一老如有一宝”，因为高老师虽然是耄耋之年，但是高老师的声如洪钟的底气和对学术的这种精神，使我们在座的很多中年人，甚至年轻人都感到自愧不如，所以我不想说老字。我更想说我们刑法学有一宝，刚才陈老师和前面发言的很多人都总结了，高老师对于中国刑法学，在刑事立法、刑事司法、刑法学教育、刑法学理论，以及中国刑法对外交流等方面都有卓有成效的开拓性贡献，有高老师确实是中国刑法学之幸，也是整个法学界之幸。确实，有这样一个宝要珍惜。

因为前面很多人已经说了很多，不想多说，核心说两点：第一，祝贺高老师获得早稻田大学名誉博士学位，这是高老师个人的荣誉，也是我们刑法学界的荣誉，甚至是整个法学界的荣誉，获得早稻田大学名誉博士学位确实是非常非常难得的。第二，衷心期望高老师健康长寿，让这种幸福继续延续下去。谢谢大家！

刘志伟：尊敬的高老师，各位老师、各位同学，大家上午好！我代表刘仁文教授、王文华教授向高老师荣获早稻田大学名誉博士学位表示热烈祝贺。因为刘仁文教授昨天和今天上午举行学术研讨会，我很早就答应参加他的研讨会，但是高老师这个会我肯定要来，所以向他请假，他就让我代他表示祝贺。王文华教授也是今天上午开会。另外，我作为高门的第三代，我看了一下在座的高老师嫡传弟子有三四十位，都讲完估计就结束了，所以我想先向高老师祝贺。

今天的主题是中国刑法的国际视野暨高老师获早稻田大学名誉博士学位庆祝会，我就想起来高老师在中国刑法走向世界，在开展中国刑法学与国际交流方面的精神值得我们学习。大家知道，高老师是中国刑法学走向世界、开拓国际交流的先行者，也是自始至终到现在积极的践行者，这里面有一种精神，可能有些老师不大清楚，高老师参加国际交流，不光是不辞辛苦，甚至可以说是不顾个人安危，这是一种非常可贵的、值得弘扬的精神。大家知道 2007 年高老师去法国参加学术活动，那次因膝关节韧带拉伤，住了好几个月的院。后来我们请高老师的时

候，就注意到这方面的问题，毕竟年事已高，不能太累，要注意他的安全、身体健康。

我记得那一年和赵老师安排去韩国、澳门开会，我们讲到高老师也去过韩国，刚刚从澳门回来时间不长，觉得别累着高老师，就没有请高老师去参会。但是这个会议通知发了之后，不知道高老师怎么知道的，有一天见到赵老师就问，“韩国的会、澳门的会不让我去了？”我想说的是，高老师他参加学术活动有一股执着的、非常高的热情，没有考虑自己的身体，高老师的这种人格魅力、这种精神，值得我们学习。我们私下谈论的时候，高老师真好。向高老师致敬、向高老师学习。

阴建峰：首先还是要祝贺我们敬爱的高老师，我作为再传弟子，本来是不想发言的，但确实想表达一种崇敬之意，这种崇敬之意确实如滔滔江水绵延不绝，高老师是我们大家的骄傲，同时也给我们树立了一种学术的标杆，是我们在学术道路上不断求索的丰碑，有高老师在前面带领，就应该更加紧密地跟进。

今天的主题是“中国刑法的国际视野”，高老师为什么取得成功，就是因为他的高度和他的视野，中国刑法的国际视野，刚才很多老师都已经提到对中国刑法的发展确实必要，对应对全球化趋势来说，对中国刑法的发展来说，都是非常必要的，中国刑法的建设必须要把自身放在全球发展背景下来考虑，要有高瞻远瞩的眼光，只有放眼世界，才能够汲取世界上先进的

知识、经验、理念，去其糟粕，取其精华，中国的法治才能实现。有助于发挥中国对世界法治的影响，刚才韩大元院长也提到，我想高老师能够获得贝卡里亚奖，获得早稻田大学名誉博士学位，足以说明中国刑法已经走向世界，成为一种标志性的事件。

当然，有这样一种国际视野，停留在国际层面，怎么做，高老师也提出来，要走出去、引进来。我总结刚才其他老师的发言，有两个关系需要处理：一是要处理好法律移植和法律本源之间的关系，我们要从中国的实际出发，用中国的眼光来看待，确实对世界先进的东西，我们应该得其善而从之，需要从中国的眼光出发来考虑问题。我想起苏力教授曾经说过的一句话，中国法必须要注重中国的本土资源、注重法律文化的传统与实际。前两天看了周祥写的一个影评，对苏力展开了很大的批评，读过之后确实很有收获，但是对于他其中的一些观点是不能认同的，把本土资源完全视为人治体系，我觉得这样一种等同有些过于绝对化。我觉得中国的本土资源确实还是有很多值得可以挖掘的东西。无论是对国外先进的法律理念、法律制度，还是本土资源，我们都应该以发展辩证的眼光来看，不能够绝对化。我觉得一味地否定肯定是不妥当的，绝对化的态度不是一种科学的立场和方法，也不可能取得成功。所以我觉得必须要处理好法律移植和本土法律之间的关系。

二是要处理好学派之争和融合之间的关系。刚才高老师引用国际犯罪学会主席的话，其中提到高老师引领了学派的力量。事实上，我们也知道在刑法学界曾经有人写，把刑法学形容为刑法江湖，如果刑法是一个江湖，我们在座的绝大部分都被称为传统学派的一个门派，把中国人民大学称之为少林派，高老师是这个学派的一派宗师、开山鼻祖。形成学派，我觉得学派从学术研究角度确实有它的好处，有利于百花齐放、百家争鸣，我们作为人大学派的传承人，这种传承我觉得需要去努力，从高老师身上汲取更多的东西，把人大学派发扬光大。同时，要注意到学派之争可以，但是不能够让学派形成门户之见，刚才夏老师说得特别好，应该打破学派的藩篱，不应该因为毕业的院校、因为学术的渊源形成一些偏见和成见，眼界需要更开阔、视野需要更深远。我想今天的主题“中国刑法的国际视野”，就对我们提出了更高的要求。高老师作为前辈学人已经开创了一个新的时代，但是俗话说得好，“创业难，守业更难”，可能对我们后辈学人来讲，提出了更高的要求。我们经常说 21 世纪是中国人的世纪，也希望 21 世纪是中国刑法学人的世纪。昨天看了卡斯特罗最后的演讲，他提到理想是不朽的，在这里以此和大家共勉。

谢望原：首先非常感谢高老师给我们带来这次学术和思想的盛宴，如果不是因为您荣获早稻田大学荣誉博士，我们这么多亲朋好友、学术同人就难以聚到一起。

关于高老师的建树、为人为学，刚才大家讲了很多，我只想讲两方面的感受：

第一，还要向高老师学习做人，向高老师学习做人是学习不争之争，高老师获得贝卡里亚奖，获得早稻田大学名誉博士学位，是靠自己的人格魅力，是高老师的真才实学得到世界上、国际上的认同才获得的。比在江湖耍嘴皮子、急于表现自我，还是不一样的效果。

第二，高老师对我们这些晚辈非常关爱，举一个小例子，我广义来说也是高老师的学生，我是跟高老师读博士后的，但是高老师并不真把我当他的学生，他经常叫我老谢！有一次，我跟高老师提这事，高老师很严肃地对我说，如果我叫你小谢会很难堪，一旦形成习惯，大家会都跟着叫你小谢，你现在是人大的工作人员，如果都叫你小谢，对工作不利。这是一个小事情，但是反映了他提携晚辈的胸怀。

最后，回应一下邱兴隆教授，你不要介意，前几天和几个人一起吃饭，这个过程中，你打电话进来，他们说着说着就说到邱兴隆，我就说邱兴隆长相打扮都像艺术家，写的都是刑法哲学的文章，好像并不搞刑法，这只是玩笑，你不要在意。冯军教授经常调侃我，说我根本没搞懂刑法，大家都是同人，并无恶意。如果有冒犯之处，请多见谅。谢谢！

冯军：我想讲两句。这次是我全程陪同高老师去日本的，我三个月以前就知道，要我陪高老师去，当时心里真的很打鼓，因为我要陪高老师一个星期，高老师 90 岁了，这个责任太重。尽管经历了非常辛苦和危险的事，但我还是陪高老师平安地回到了祖国，我感到欣慰。

刚才高老师讲到要重视学术交流，我们要有信心，要有耐心和恒心，要把学术交流发展下去。在整个过程中，我一直感受到：“老师，再怎么努力，再怎么有信心、恒心和耐心，我都不可能取得您今天的成就”，对我来说，陪高老师去日本早稻田大学领得名誉博士学位，并且安全地回来，已经是我一个最大的梦想，我把这个梦想实现了。再次祝贺高老师健康长寿，学术之树常青。

陈杰：谢谢，因为我是徒孙辈，所以我站着向各位老师汇报，我是卢建平老师的博士生，我是彭新民老师同一届的同班同学，在人民银行工作，说两点，顺着刚才高老师说的一点，刑法学确实是显学，我在金融行业，举一个金融行业的例子，尤其是金融刑法学是现在这个社会中显学中的显学，我们在金融街有一个非常脍炙人口的案例，我们搞金融的人把它称为金融街刑法六君子事件，这个事件涉及金融街很厉害的高管领导，名字不方便说。他搞金融创新，大家也知道法律是讲究公平秩序，不是很讲究创新和效率。但是金融不创新就没法活，所以，所有的金融要想发展得快必须要以创新为主，创新就带来一种风险，可能是跨越法律的一些不太明确的地方，我们这个领导其实是带领一批金融创新，他做这个金融创新给他的机构、给他的单位、给他的团队都带来了巨大的收益，我们认为是合理合法的，有人就看着红眼，就进行举报什么的，然后把这个领导也弄得特别难受。当时，相关部门也不想把这个事认定为刑事犯罪，但是影响较大。最后是高老师、赵老师和陈兴良老师和其他几位老师组成了刑法学界的六君子，同时写了一个法律意见书给公安部经侦局，这个事情就不认为是犯罪了，认为是合法的金融创新行为。所以，在金融界特别需要在座的各位专家学者来指导我们的工作。

第二点，卢建平老师交给我的任务，我们要把实务工作和理论工作相结合，我这儿就推荐一个资源给大家，因为人民银行是反洗钱23部级联席部委的牵头部门，国际反洗钱组织来中国合作，首先是和人民银行，人民银行再和其他的23个部委合作。现在这个合作加深了，国际反洗钱组织要建立大学联盟，因为他们觉得国际评估只有官员参加不合适，必须有独立的学者身份参加，至少有30%以上的学者参加，这个评估报告对国家反洗钱评估才是客观的，所以现在这几个国际组织在发起大学联盟，向中国大学发起邀请，所以我在这里也希望按照卢老师的要求把这个信息传递给大家，我愿意作为联络员，把这个实务工作和学术工作建立起来。谢谢大家！希望中国人民大学和北京师范大学成为中国反洗钱大学联盟的牵头单位。

表达一下心愿，高师爷是誉满全球，我们做徒孙的要不忘初心。

莫开勤：很荣幸参加这个发言，我是高老师第17个博士毕业生，在高老师门下一直受恩惠，所以对恩师表示感谢。

我现在的工作单位是公安大学，长期受高老师的支持，我本科母校是中国人民大学法律系，也是在高老师的大力支持下才完成学业的，我很荣幸。我代表现在的工作单位公安大学向高老师表示感谢，祝贺高老师获得早稻田大学荣誉博士学位。

黄京平：最后，秉志教授有一个代转的信息。

赵秉志：第一，西北政法大学校长发来信息，本人代表西北政法大学向高老师表示祝贺，一定要我转达到。

第二，我们做一个结尾，供各位批判。胡云腾大法官还是才思很敏捷的，十分钟不到就做了一首打油诗。大家听听。

热烈祝贺恩师高铭暄先生荣获早稻田大学名誉博士学位打油诗：

你给别人戴了无数博士帽，自己连一顶都不要。米寿之年回报来到，荣誉二字更加重要。

虽然你已不再年少，教书育人还是您的爱好。鹤发童颜，夫子风貌，传播法治，辛勤布道。（赵秉志感叹：不错，合辙押韵！）

一代宗师，无愧名号；躬耕法坛，仰天长啸。青春不老不是玩笑，健康长寿更是王道。

弟子云腾匆草

宣读完毕

黄京平：这个单元的内容就结束了，还有很多人想要说话，安排了午餐，午餐桌上大家可以继续交流。

高铭暄教授简介

一、出生和求学经历

1928 年 5 月 24 日，出生于浙江省玉环县鲜迭村。出生当时，祖父高奕法（渔民）已逝世，祖母高林氏主持家务，父亲高鸣鹤（字乐民）在上海市特区地方法院任书记官，母亲孙韵琴从事家务。

1934 年 2 月至 1941 年 1 月，在故乡玉环县鲜迭小学上学至毕业。

1941 年 2 月至 1944 年 1 月，在浙江温州市瓯海中学初中部上学至毕业。

1944 年 2 月至 1947 年 7 月，在浙江省立温州中学高中部上学至毕业。毕业前半年，学校举办“如何建设新温中”征文比赛，获得第一名。

1947 年 8 月，报考浙江大学法律系、复旦大学法律系、武汉大学法律系，均被录取。选择就读浙江大学法律系。

1947年9月至1949年9月，在浙江大学法学院法律系学习。9月，因浙大法学院奉命停办，遂转学至北京大学法律系。

1949年9月至1951年8月，在北京大学法律系学习。

1951年8月，被保送至中国人民大学法律系读研究生。1951年9月至1953年7月，在中国人民大学法律系刑法研究生班学习至毕业。

二、任职经历

1953年8月起任中国人民大学法律系（1988年之后改为法学院）刑法教师。1956年5月晋升为讲师，1980年5月晋升为副教授，1983年5月晋升为教授，1984年1月起任博士研究生指导教师。其间，1983—1986年任法律系主任，1990—2003年任法学院院务委员会主任，2004年7月退休返聘，2009年被评为中国人民大学荣誉一级教授。

1954年10月至1963年10月，1978年10月至1979年7月，参加《中华人民共和国刑法》的起草拟制工作。1988年7月至1997年3月，参加《中华人民共和国刑法》的修订工作。

1984—2001年，担任中国法学会刑法学研究会总干事（会长）。

1985—2003年，担任国务院学位委员会第二、三、四届学科评议组成员暨法学组第一召集人。

1986—2003 年，担任中国法学会副会长。2003—2013 年，担任中国法学会学术委员会副主任，之后任荣誉委员至今。

1996—2011 年，担任国际刑法学协会中国分会主席，之后任名誉主席至今。

1999—2009 年，担任国际刑法学协会副主席，之后任名誉副主席至今。

2005 年 8 月至今，被聘为北京师范大学刑事法律科学研究院名誉院长，特聘教授，博士生导师。在此期间，2014 年还被聘为国家教育考试指导委员会委员。2015 年被聘为北京师范大学京师首席专家，2016 年被聘为全国检察机关未成年人检察工作顾问。

三、主要著述

1.《中华人民共和国刑法的孕育和诞生》，法律出版社 1981 年版。

2.《刑法学》（高等学校法学教材）（主编），法律出版社 1982 年版，1984 年修订版。

3.《新中国刑法学研究综述（1949—1985）》（主编），河南人民出版社 1986 年版。

4.《刑法总则要义》，天津人民出版社 1986 年版。

5.《新中国刑法的理论与实践》(第一主编)，河北人民出版社 1988 年版。

6.《中国刑法学》(高等学校文科教材)(主编)，中国人民大学出版社 1989 年版。

7.《新中国刑法科学简史》(主编)，中国人民公安大学出版社 1993 年版。

8.《刑法学原理》(三卷本)(主编)，中国人民大学出版社 1993—1994 年版。

9.《刑法问题研究》，法律出版社 1994 年版。

10.《经济犯罪和侵犯人身权利犯罪研究》(中法刑法合作研究项目，中方主编)，中国人民公安大学出版社 1995 年版。另有法文版，于 1995 年 9 月在巴黎出版。

11.《经济犯罪和侵犯人身权利犯罪的国际化及其对策》(中法刑法合作研究项目，中方主编)，中国人民公安大学出版社 1996 年版。另有法文版，于 1996 年 7 月在巴黎出版。

12.《刑法国际指导原则研究》(中法刑法合作研究项目，中方主编)，中国人民公安大学出版社 1998 年版。另有法文版，于 1997 年 6 月在巴黎出版。

13.《西原春夫先生古稀祝贺论文集》(主编)，法律出版社、(日)成文堂 1997 年 12 月联合出版。

14.《中国区际刑法与刑事司法协助研究》(第一主编)，法律出版社、中国方正出版社 2000 年联合出版。

15.《新型经济犯罪研究》（主编），中国方正出版社 2000 年版。

16.《刑法学》（全国高等学校法学专业核心课程教材）（第一主编），北京大学出版社、高等教育出版社 2000 年联合出版，2016 年已出第 7 版。

17.《当代国际刑法的理论与实践》（第一主编），吉林人民出版社 2001 年版。

18.《刑法专论》（研究生教学用书）（主编），高等教育出版社 2002 年第 1 版、2006 年第 2 版。

19.《刑法肆言》，法律出版社 2004 年版。

20.《中国刑法立法之演进》（合著，第一作者），法律出版社 2007 年版。

21.《高铭暄自选集》（中国人民大学名家文丛），中国人民大学出版社 2007 年版。

22.《新中国刑法学研究 60 年》（第一编著者），中国人民大学出版社 2009 年版。

23.《中华人民共和国刑法的孕育诞生和发展完善》，北京大学出版社 2012 年版。

24.《刑法续言》，北京大学出版社 2013 年版。

25.《中华人民共和国刑法的孕育诞生和发展完善》德文版第 1 卷，Verlag Dr.KovaČ GmbH, Hamburg2017。

此外，在报刊上发表学术论文、文章 300 余篇。其中比较有代表性的论文如下：

1.《刑法为什么要规定时效？》，载《法学杂志》1980 年第 2 期。

2.《论依法从重从快方针的法律意义》，载《学习与研究》1981 年第 6 期。

3.《犯罪构成的概念与意义》，载《法学》1982 年第 1 期。

4.《论我国刑法中的一罪与数罪》，载《北京政法学院学报》1982 年第 2 期。

5.《论量刑的一般原则》，载《中国政法大学学报》1983 年第 3 期。

6.《搞好教学改革，为培养具有较高水平的法律专门人才而努力》，载《法学杂志》1984 年第 5 期。

7.《谈谈我国刑法公布施行以后的补充和修改》，载《法学杂志》1985 年第 6 期。

8.《论刑事责任》，载《中国人民大学学报》1988 年第 2 期。

9.《略谈刑法修改的指导思想》，载《法学》1989 年第 3 期。

10.《十年来的刑法学研究》，载《法律学习与研究》1989 年第 5 期。

11.《我国刑法是人民民主专政的工具》，载《法学杂志》1990 年第 3 期。

12.《略论犯罪与民事纠纷的界限》，载《法学评论》1992

年第1期。

13.《从刑法的创制和发展看中国法律家的作用》，载《法律学系与研究》1992年第2期。

14.《论牵连犯的几个问题》，载《现代法学》1993年第6期。

15.《我国十五年来刑事立法的回顾与前瞻》，载《法学》1995年第1期。

16.《在整个改革开放过程中都要打击经济犯罪——学习〈邓小平文选〉的一点体会》，载《求是》1995年第11期。

17.《试论我国刑法改革的几个问题》，载《中国法学》1996年第5期。

18.《依法治国，建设社会主义法制国家是我们的治国之策》，载《法学》1996年第11期。

19.《略论修订后刑法的“三严”》，载《政法论坛》1997年第2期。

20.《〈刑法〉施行十七年的科学总结》，载《法学家》1997年第3期。

21.《刑法立法的长足进展》，载《中国法学》1997年第5期。

22.《中国刑法的最新发展》，载《中国刑事法杂志》1998年第2期。

23.《20年来我国刑事立法的回顾与展望》，载《中国法学》1998年第6期。

24.《20 年来我国刑法学科建设概览》，载《法学家》1999 年第 1 期。

25.《我国刑法和刑事诉讼制度》，载《法学家》1999 年第 5 期。

26.《中国共产党与新中国刑事立法》，载《法学家》2001 年第 4 期。

27.《我国的死刑立法及其发展趋势》，载《法学杂志》2004 年第 1 期。

28.《谈谈如何指导博士研究生的点滴体会》，载《法学杂志》2005 年第 2 期。

29.《略论我国死刑制度改革中的两个问题》，载《法学家》2006 年第 1 期。

30.《宽严相济刑事政策与酌定量刑情节的适用》，载《法学杂志》2007 年第 1 期。

31.《略论中国刑法中的死刑替代措施》，载《河北法学》2008 年第 2 期。

32.《改革开放三十年刑法立法感言》，载《中国法学》2008 年第 6 期。

33.《论四要件犯罪构成理论的合理性暨对中国刑法学体系的坚持》，载《中国法学》2009 年第 2 期。

34.《对主张以三阶层犯罪成立体系取代我国通行犯罪构成理论者的回应》，载《刑法论丛》2009 年第 3 卷。

35.《刑法学发展的基本经验》，载《法学家》2009 年第 5 期。

36.《新中国刑法学六十年发展的简要历程和基本经验》，载《法学杂志》2009 年第 11 期。

37.《关于中国刑法学犯罪构成理论的思考》，载《法学》2010 年第 2 期。

38.《人大刑法学科的十大亮点》，载《法学家》2010 年第 4 期。

39.《新中国死刑立法的变迁与展望》，载《文史参考》2010 年第 20 期。

40.《社区矫正写入刑法的重大意义》，载《中国司法》2011 年第 3 期。

41.《风险社会中刑事立法正当性理论研究》，载《法学论坛》2011 年第 4 期。

42.《中国共产党与中国刑法立法的发展——纪念中国共产党成立 90 周年》，载《法学家》2011 年第 5 期。

43.《从刑法角度看学术在社会建构中的作用》，载《中国政法大学学报》2012 年第 6 期。

四、荣誉与奖励

1. 1984 年 10 月，被国家科学技术委员会批准为国家级“有突出贡献的中青年专家”。

2. 1988 年，主编的高等学校法学教材《刑法学》获国家级优秀教材一等奖和司法部优秀教材一等奖。

3. 1991 年，获“享受政府特殊津贴专家”称号。

4. 1992 年，主编的高等学校文科教材《中国刑法学》获第二届全国普通高等学校优秀教材特等奖。

5. 1995 年，获“全国优秀教师”称号。

6. 1995 年，主编的《刑法学原理》（三卷本）获全国高等学校首届人文社会科学研究优秀成果一等奖，1996 年又获第二届国家图书奖。

7. 2001 年，获中国教育工会授予的“全国师德先进个人”称号。

8. 2002 年，主编的全国高等学校法学专业核心课程教材《刑法学》获全国普通高等学校优秀教材一等奖。

9. 2002 年 11 月，获“吴玉章优秀科研奖”。

10. 2009 年，主编的《刑法专论》获司法部第三届全国法学教材与科研成果一等奖。

11. 2012 年，获中国法学会授予的“全国杰出资深法学家”称号。

12. 2014 年，获中国刑法学研究会授予的“资深刑法学家”称号。

13. 2015 年 3 月，《中华人民共和国刑法的孕育诞生和发展完善》一书获中国法学会第三届中国法学优秀成果奖专著类一等奖。

14. 2015 年 4 月，获国际社会防卫学会授予的“切萨雷·贝卡里亚奖”。

15. 2016 年 11 月，获日本早稻田大学授予的名誉博士学位。

后　记

编辑完所有的文稿之后，我应该写一篇后记，这不仅是因为小书也要有头有尾，而且因为一件大事必须备有详细的真实过程。

2016 年 6 月中旬，中国人民大学法学院的外籍教员、我多年的好友本乡三好先生告诉我，西原春夫老师正在争取早稻田大学授予高铭暄教授名誉博士学位，需要我居中联络，并可能需要我陪同高老师赴日参加学位授予典礼，我欣然应诺。

在与早稻田大学国际交流部的沈向琮先生长达数月的频繁沟通之后，2016 年 11 月 21 日终于迎来了陪同高老师飞往日本东京的时刻。这天早晨五点，我起床穿衣洗漱后，拍拍尚在襁褓之中的女儿，摸摸老婆的大腿，就带着箱子和包下楼，乘车出发。在昏暗的夜色里，看见车顶上厚厚的积雪，忧心地钻进按照约定来接我的贾师傅的车里。贾师傅是人大的老司机，因为担心下雪路不好走，就提前半小时，于 5 点 40 分来接我了。他开车过西直门，在小街上机场高速，结果，不到一个小时，就到达了 T3 航站楼。在国际航班候机厅里，我给高老师打电话，高老师回答说马上到。过了一会儿，在 F 柜台处看见高老师，据说是高老师的儿子开车送他到机场的，他的儿媳和孙子陪他到达。我问高老师昨晚睡得还好吗，他说凌晨 3 点才睡，5 点半就起床了。望着高老师的满头白发，心中不由得生发许多怜惜。办完手续，登机之前，在飞机前给高老师拍了一张雪景照。

CA925 航班在上午 9 点 25 分准时起飞，于日本时间 13 点 55 分到达成田机场。机场的工作人员拿着写有高老师和我的名字的拼音牌，在出口迎接我们，并把我们送进出租车里，出租车司机告诉我，需要大约 1 个半小时到达早稻田大学。在乘出租车去往早稻田大学的路上，我谈到姜伟师兄被任命为最高人民法院副院长一事，高老师很高兴地说，终于有自己的学生当最高法院的领导了，我还问到他对贾敬龙案子的看法，他说南英副院长请他去开过会，案情并不像网上吵的那样。

我们在日本时间下午 3 点半左右到达早稻田大学的 Rihga Royal 宾馆，下车时，沈向琮先生跑到出租车旁来接我们，走进宾馆的大门之后，就看见西原老师已经在宾馆大厅里等候了。西原老师与高老师拥抱后，就交谈着送高老师到入住的房间，然后带我下楼，分别指给我看吃早餐、午餐和晚餐的地方，并请我在宾馆的咖啡厅里喝了橙汁。西原老师特意让我坐在能观赏大隈讲堂和大隈庭园的位子上，给我讲了关于大隈讲堂的故事，并向我交代了24日的安排，然后让我回房间休息，把我送到电梯处时，西原老师要我在晚上6点带高老师去宾馆一层的“なにわ”餐厅共进晚餐。下午5点半我去高老师房间，高老师在送给西原老师的书上写完字后，我们下楼。在宾馆大堂正好遇见甲斐克则教授、高桥则夫教授和担任翻译的何琳女士和文元春先生，何女士正在早稻田大学法学部攻读刑事诉讼法专业的博士学位，文先生则已在早稻田大学法学部担任教职。我们就一起去了“なにわ”餐厅，西原老师和山口厚教授已经在那里等候了。相互问候之后，大家商量了日程安排的一些细节，西原老师谈到，在22日的祝贺晚会上，可能会请高老师唱几分钟的京剧，高老师爽快地答应了。然后，大家边吃边聊，席间，高老师把他的著作送给了西原老师，并把著名青年画家、新华社美术部负责人刘新华先生的画作分别送给西原老师、山口先生、甲斐先生和高桥先生。晚宴持续到晚上9点半左右，尽管大家都还很兴奋，但是，考虑到第二天活动的紧张安排，西原老师就结束了晚宴，让高老师回房间早点儿休息。

22日凌晨6点左右，我在半睡半醒中感觉到床在剧烈摇晃，床头柜上的台灯嘎吱嘎吱地响，就想一定是发生地震了。我明显感觉到整栋楼在摇晃，便马上打开电视，电视报道说，在福岛发生了7.5级地震。我想要不要走出这个房间，要不要逃跑。后来想，这么高级的宾馆，如果我在这个房间里发生了问题，那么，整个日本是没有任何希望的。又想，如果真的没有任何希望，宾馆真的坍塌了的话，也值了。高老师也在这个宾馆里，能够始终陪着高老师的话，也是人生幸福。还有点儿早，没给高老师打电话，7点钟给高老师打电话，我说刚才发生地震了，您有问题吗？高老师说没有问题，我在台湾也经历过。面对这么重大的问题，高老师都能够泰然自若，处变不惊。8点陪高老师去吃完早餐，之后高老师回房间准备下午的演讲。11点半陪高老师去吃午餐，之后高老师回房间休息了一会儿。

下午1点50分我请高老师一起下楼，沈向琮先生已经在宾馆大堂等候，然后，我们一起穿过大隈庭园，下午2点到达大隈讲堂。西原先生和高桥先生已在大隈讲堂前等候，在书写着授予高铭暄教授名誉博士学位的巨大竖牌前，西原先生和高老师合影留念。然后，大家一起进入大隈讲堂的贵宾室，早稻田大学镰田薰校长与高老师会谈，并向高老师说明了仪式的具体进程。高老师向镰田薰校长赠书和书写着“育才金顶科学殿堂”的条幅后，镰田薰校长给高老师戴上了早稻田大学的校徽。成为早稻田大学的名誉一员后，高老师在留言簿上用毛笔写下“传道授业、培育英才、经世致用，恩泽永垂”这16个大字。当高老师写完这16个遒劲大字后，在场的人都鼓掌表达敬意。

然后，早稻田大学的女职员给高老师穿上了博士服，戴好博士帽，博士服和博士帽都是按照事先要去的尺寸给高老师量身定做的，很合身。下午2点47分，镰田薰校长陪同高老师走向主席台。在主席台的入口处，我国驻日使馆的教育参赞胡志平先生上前问候高老师，向高老师表示欢迎和祝贺。在大隈讲堂里，早稻田大学的学生乐团正在演奏着欢快的乐曲。

西原先生、高桥先生和我随后也进入主席台，以见证人的角色坐在前排。我看见大隈讲堂里坐满了人，初步估计有600多人，胡志平先生坐在台下的第一排，野村稔先生和甲斐克则先生都坐在台下的后排。宣布仪式开始后，镰田薰校长先宣读了早稻田大学的表彰词，然后，授予高老师名誉博士学位证书，并给高老师穿上绶带。在镰田薰校长和高老师握手留影后，高老师开始了45分钟的答谢词。我坐在那里，一开始极其担心，这40多分钟怎么过啊，高老师前天和昨天晚上都没睡好，能扛得住吗？我坐在那里，担心着，身后一个老大的探照灯又打在我身上，弄得我汗水淋漓。但是，高老师一如既往，用他璞玉般的天籁之音讲述了中国刑法学的过去、现在和未来，大隈讲堂里没有任何人走动，大家都静静地听着。在高老师演讲结束时，全场爆发出雷鸣般的掌声。

在学位授予仪式完成之后，镰田薰校长和高老师又回到大隈讲堂的贵宾室，先是镰田薰校长和高老师合影留念，然后，大家一起合影留念。其后，镰田薰校长陪同高老师参观了大隈庭园，西原先生和高老师在西原先生手书的“和平祈念碑”和孔子像前合影留念。在大隈庭园的小溪里，我看见一条带着红斑的白色锦鲤在悠闲地游逛。镰田薰校长带着大家穿过大隈庭园，到宾馆二楼的宴会厅，开始了恳亲会，早稻田大学董事会的成员都参加了，不少在早稻田大学和东京大学留学的中国留学生也来参加。镰田薰校长亲自主持恳亲会，西原先生致祝贺词后，大家边吃边喝，学生们簇拥着与高老师合影留念。在恳亲会进行了大约一个半小时后，镰田薰校长请高老师唱段京剧。高老师从包里拿出他的女儿般弟子王秀梅教授送给他的微型音乐设备，清清嗓子，高亢地唱了起来。高老师唱完两段京剧后，早稻田大学一位教授中文的教授上前与高老师握手，微笑着说很喜欢高老师的表演。恳亲会结束时，早稻田大学的职员交给我一个大皮箱，并请我帮高老师带回国，说里面装的是高老师的博士帽、博士服、博士学位证书、一个刻有照片和录像的U盘和礼品。

23 日早晨 7 点起床，淋浴穿着后，去请高老师吃早餐。8 点半开始改稿，11 点高老师打电话让复印他的修改稿，12 点陪高老师去宾馆对面的“福源”中餐馆吃完午餐后回房间。下午 1 点半陪高老师下楼，何琳女士和文元春先生已经在宾馆大厅等候。大家一起穿过大隈庭园，到达大隈 26 号馆 301 房间后，西原先生、高桥先生和田山聪美教授已在等候。早稻田大学比较法研究所的职员让高老师和我签字后，给我们每人 5 万日元的讲演费。下午 2 点 10 分，我们去一楼的会场，高老师送给比较法研究所一本他的著作《中华人民共和国刑法的孕育诞生和发展完善》和一幅上书“中日刑事法学术交流万古常青”的条幅。然后，田山聪美教授主持召开“中日刑法比较研究”的学术研讨会。高老师先讲，西原先生、我和高桥先生随后讲，共有40多人参加，会议讨论得很热烈。晚上7点左右，大家一起去大隈会馆的“楠亭”餐厅共进晚餐。高老师和我是被邀请的，其他12位参加者平摊了餐费，采用的是AA制。晚上9点左右结束晚餐，把高老师送回宾馆后，我又随高桥先生、松原芳博先生和今井康介、天田悠两位早稻田大学刑法专业博士生去附近的酒馆喝酒，半小时后，何琳女士也来了。在喝酒聊天时，得知天田悠先生懂英语和德语，正在研究违法阻却问题。晚上11点半，我才回到宾馆。虽然天上又下起了雪，但是，我的心情已迥然不同，不再有离开北京时看到积雪的忧虑，啊，我陪同高老师来日的主要任务已经完成了，明天只是观光，会轻松很多。

24日早晨6点起床，打开窗户，看见大隈庭园里漫天飞舞的雪花。洗漱穿着后，陪高老师吃早餐。9点半去宾馆大厅，西原先生和何琳女士已在等候。何琳女士说她要去上课，不能陪高老师去观光，因为下雪，特意给高老师买了暖手袋送来，高老师直夸她心细。西原先生说，因为福岛发生地震，害怕海啸过来，又因下大雪路滑，只好取消原定去镰仓古城观光的计划，不得不改在东京购物观光，请高老师谅解。10点左右，西原先生亲自开车，带领我们去东京的官厅街。路过早稻田大学图书馆时，西原先生说那是他在任校长时建造的，我问花了多少钱，他说当时募集了100多亿日元，建图书馆花了40多亿日元。然后，西原先生开车带我们观看了日本法务省大楼、首相官邸、明治神宫等建筑物，每到一处，西原先生都一一解说。

中午12点左右，西原先生带我们去位于日比谷公园内的“松本楼”中餐厅吃午饭。松本楼是日本政府宴请中国贵宾的地方，它的入口处挂着福田康夫先生陪同胡锦涛先生及夫人参观松本楼时的照片。西原先生介绍说，在孙中山先生革命的时候，松本楼的第一任主人梅屋庄吉先生对孙中山先生说：“中山先生，你革命，我支持你”，因为这个约定，梅屋庄吉先生把他一生赚得的2兆日元全部交给了孙中山先生。在松本楼的二楼，还陈列着宋庆龄女士弹过的钢琴。西原先生给我们的午餐点的是鱼、南瓜汤和面包，南瓜汤特别好喝。吃饭时，松本楼的社长和副社长都来问候，西原先生介绍说，社长是梅屋庄吉先生的曾女婿，副社长小坂文乃女士是梅屋庄吉先生的曾孙女。饭后，喝了红茶。在喝茶时，西原先生回忆了2004年他应邀出席在北京召开的国际刑法学大会时的情景，说大会开幕当天晚宴时自己坐在17号桌，而松尾浩一教授作为日本法务省的顾问却被安排坐在66号桌，推测是高老师特别重视他。西原先生接着说，在我心中也有一个约定，一定要设法让早稻田大学授予高老师名誉博士称号，但是，因为早稻田大学有一个惯例，名誉博士学位只授予总统和诺贝尔奖获得者以及和他们学校有紧密联系的著名大学的校长，早稻田大学授予名誉博士学位的第一位中国人是廖承志先生，后来是江泽民先生，再后来是北大和清华的校长等人，这一次，早稻田大学终于将名誉博士学位授予高老师了，早稻田大学将名誉博士学位授予中国学者的，您是第一位。

当时，在松本楼，高老师和西原先生还作出了另一个约定，他们握手表示，要一起活到至少100岁，为中日刑法事业继续作贡献。高老师还说，我们还可以再努力，不封顶，我们社科院法学所有一个研究语言的专家，今年已经113岁了，但是现在每天写文章，在光明日报等报纸上发表。为中日刑法事业健康长寿，也是高老师和西原先生的约定。

因为西原先生下午3点半还要去日本外务省开会，午餐后，西原先生就送我们回宾馆。在回宾馆的路上，我看见一种长着红叶的大树，就问西原先生那是什么树，西原先生说那是他最喜欢的榉树，是一种生长100多年直径才达30多厘米的细叶树。到达宾馆后，高老师称赞西原先生车开得好，坐他的车感觉特别安全。

回到宾馆，与高老师约好晚上7点在宾馆的餐厅吃晚饭。然后，高老师回房间休息，我自己去高田马场的旧书店买书。发现了木村龟二先生的名著《犯罪论的新构造（上、下）》，于是，花13000日元买下。30年以前，在恩师曾昭琼教授的卧室看到过这套书，现在终于到手了，真是欣喜无言。回到房间，少青拿来购买的物品。然后，陪高老师吃晚饭，其间，谈到时延安教授担任中国人民大学刑事法律科学研究中心主任的事，高老师说，他有能力、有想法，总会干得很好的。

25日早晨8点起床，陪高老师吃早餐，在大隈庭园散步后，就收拾行李准备回国。11点左右，西原先生来宾馆给高老师送行，何琳女士陪我们到机场。在机场吃午饭时，高老师得知何琳女士无偿做了几天翻译后，就拿出5万日元给她，并嘱她回国找工作时一定要告诉他。

乘坐CA926航班，我们准时回到北京，时延安副院长和陈璇副主任到机场迎接我们，我终于安全地把高老师带回了家。

在当代中国，能够享有世界声誉的法学家并不多，高铭暄教授是其中之一。我根据日记，在中秋节的月光里，写下以上文字，以记录一位伟大的中国刑法学家晚年的国际足迹。

冯　军

2017年10月4日深夜记于明德法学楼916室